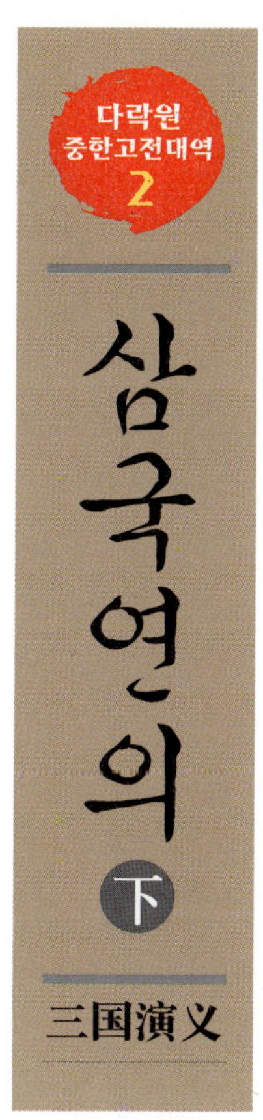

삼국연의 下

三国演义

원작 나관중
개작 손문흠
편역 조득창

다락원

다락원 중한고전대역 2
삼국연의 下

원작 나관중
개작 손문흠
편역 조득창
펴낸이 정규도
펴낸곳 (주)다락원

초판 1쇄 발행 2006년 9월 22일
초판 3쇄 발행 2017년 9월 19일

책임편집 최준희, 홍현정
디자인 손혜정, 이수민

다락원 경기도 파주시 문발로 211

내용문의: (02)736-2031 내선 430~439
구입문의: (02)736-2031 내선 250~252
Fax: (02)732-2037
출판등록 1977년 9월 16일 제300-1977-23호

ISBN 978-89-5995-550-3 18720
      978-89-5995-544-2 (set)

머리말

중국은 우리나라와는 다른 언어계통을 가지고 있지만 지리적으로 인접한 까닭에 역사적으로 깊은 문화적 관계를 유지하며 공존하여 왔다. 언어와 민족은 달라도 문자와 문화는 상당부분을 공유하거나 서로 교류하며 찬란한 동방문화를 일구어내던 중세 고전의 시기가 있었다. 하지만 근세 이후 급속하게 진행된 서구세력의 동진과 이데올로기에 의한 분열이라는 현대사의 불행한 시기를 지나면서 서구의 언어와 문화에 매료되고, 한때 중국어는 더할 수 없이 생소한 외국어로 전락한 적이 있었다.

그러나 이제 중국은 우리와 가장 가까운 이웃으로 돌아왔으며 최대의 교역 상대국이 되었다. 중국을 이해하고 중국문화를 공부하는 일은 선택이 아니라 이 시대 젊은이의 필수가 되었다고도 할 수 있다. 이제 중국문화의 뿌리 깊은 원류를 이해하고 중국인의 의식구조를 근본적으로 알아내기 위해서는 유구한 역사 속에서 다져진 중국의 고전을 읽는 일이 필수적이다. 중국의 고전은 다행히도 우리에게는 비교적 익숙한 책이기도 하다. 현대 중국과 단절된 시대에도 우리는 같은 중국 고전을 읽고 즐기며 살았다. 중국 고전은 동시에 동아시아 공동의 고전이라고 할 수 있으며 어떤 의미에서는 우리의 선조들이 늘 가까이 접하며 즐기던 우리 고전의 일부라고도 감히 말할 수 있을 것이다.

오늘날 중국 고전의 원전을 마음대로 독파할 수 있는 사람은 별로 많지 않다. 그런 의미에서 고전의 정수를 일부 골라내어 현대 중국어의 발음을 달고 번역을 붙여서 대조시킨 대역본의 간행은 이 시점에 매우 시의적절한 일이라고 본다.

훈민정음이 창제된 이후에 많은 한문고전이 원전과 한글을 대조시켜 간행되었다. 우리의 선조들이 중국어 공부를 위해 만들어낸 『노걸대老乞大』와 『박통사朴通事』 같은 교재들도 한문원전과 대역시킨 언해본諺解本을 만들어 보다 쉽게 공부할 수 있도록 하였다. 『삼국연의三國演義』나 『수호전水滸傳』 등은 민간에서 별도의 언해본을 만들어 유통시킨 바 있으며 특히 중국소설 최고의 명작으로 인정되는 『홍루몽紅樓夢』은 19세기 말에 조선왕실의 궁중에서 문사 수십 명을 동원하여 원전과 발음, 그리고 번역문을 동시에 수록하는 대역본을 만들어 120회 전체를 120책이라는 방대한 양의 필사본으로 만들어낸 적도 있다. '낙선재樂善齋 번역소설'로 불리는 이 문고에는 수많은 중국소설의 번역 작품이 들어있는데 그렇게 정교한 대역본으로는 『홍루몽』이 유일한 것이었다. 오늘날 대역문고의 출판보다 백여 년이나 앞서 나온 선구라고 할 수 있다.

본 다락원 중한고전대역에는 중국고전소설의 중요한 명작을 싣고 있다. 『삼국연의』, 『홍루몽』, 『수호전』, 『서유기西遊記』, 『봉신연의封神演義』는 중국을 대표하는 명작 소설이다. 각각의 작품은 소설사에서 개별 유형의 대표작이기도 하다. 역사소설의 대표작으로서『삼국연의』, 영웅소설이나 사회소설로서의『수호전』, 인정소설 혹은 가정소설이라고도 부를 수 있는『홍루몽』, 신마소설의 대표작인『서유기』와『봉신연의』등을 통해서 독자들은 중국소설의 세계를 한눈에 조망할 수 있을 것이다.『요재지이聊齋志異』는 지괴와 전기의 다양한 환상을 그리고 있는 문언소설의 최고봉이다. 중국고전소설사에서 또 하나의 명작으로 거론되는『금병매金甁梅』와『유림외사儒林外史』는 여기에 포함되지 못한 아쉬움이 있다. 전자의 경우 중국에서는 여전히 작품 속의 부분적인 성 묘사 내용을 문제삼아 공개적인 소개를 꺼리는 경향이 있지만 사실 세정소설의 대표작으로서 인간의 진솔한 삶을 그리고 있어『홍루몽』의 선구를 이루는 작품이기도 하다. 후자는 전통 지식인들의 다양한 이면세계를 그려내고 있는 풍자소설의 대표작이다.

풍부한 고전세계를 담고 있는 소설과 더불어 수천 년의 중국역사 속에서 인구에 회자하는 역사고사를 담아내고자 역사의 아버지 사마천司馬遷이 엮은『사기史記』를 실었고 또 별도로『고사성어』를 한 권으로 만들었다. 중국어 공부를 위해 만든 대역문고라는 특수성 때문에 보다 많은 작품을 포함시키지 못하고 일부 내용만 실을 수밖에 없는 아쉬움은 있지만 나름대로는 중요한 고전명저를 거의 망라했다고 할 수 있다.

대역본을 만드는 이유는 분명하다. 독자들로 하여금 곧바로 원전의 의미를 이해할 수 있도록 편의를 제공하는 것이다. 원문은 초학자를 위하여 고전의 원문으로부터 일부 개편한 내용을 실었고 현재 중국에서 사용되는 간체자를 사용하고 있으며 한어병음이 친절하게 부기되어 있으므로 독자들은 명작의 감상과 중급 중국어의 학습이라는 두 가지 목표를 동시에 달성할 수 있을 것이다.

본 다락원 중한고전대역의 역자들은 대부분 이 분야에서 깊이 연구한 전공자들이며 현재 학계에서 활약하는 신진 학자들이다. 각 분야의 고전명저를 소개하고 번역하는 데 손색이 없다고 본다. 필자와는 오랜 학문적 인연을 지니고 있는데다 진작부터 이러한 대역본의 출현을 고대하던 필자로서는 더욱 기쁜 마음으로 서문을 쓰는 바이다.

연홍헌(研紅軒)에서 최용철

01 작품 소개

중국 4대기서四大奇書의 하나로, 작가는 나관중羅貫中이며, 원명은『삼국지통속연의三國志通俗演義』이다. 서진西晉의 진수陳壽가 집필한『삼국지三國志』와 배송지裵松之의『삼국지주三國志註』에 수록된 야사와 잡기를 근거로,『전상삼국지평화全相三國志平話』의 줄거리를 취하여 쓰여진 작품이다. 환관의 발호와 농민반란인 황건적의 난으로 빈사상태에 빠진 동한東漢 말 대두한 위魏·촉蜀·오吳의 천하쟁탈전을 묘사한 한·중·일 동양 삼국의 베스트셀러이다.

이야기는 서기 184년으로부터 280년에 이르기까지의 이른바 삼국시대를 배경으로 하여, 황건적의 난을 시작으로 유비劉備·관우關羽·장비張飛의 도원결의, 황건적 토벌, 동탁董卓 타도를 위한 제후 연합군의 봉기, 여포呂布와 원술袁術의 횡행, 조조曹操와 원소袁紹의 대결, 강동江東의 영웅 손책孫策의 등장, 유비와 제갈량諸葛亮의 만남, 적벽대전, 유비의 촉나라 획득, 유비와 손권 간의 형주 귀속 문제, 관우와 장비의 잇따른 죽음, 삼국의 정립, 유비의 죽음, 제갈량의 남만 정벌, 출사표, 촉나라와 위나라의 숙명적 대결, 제갈량의 죽음과 사마의司馬懿의 낭패, 촉나라와 오나라의 멸망, 삼국의 통일 등이 극적으로 묘사되어 있다.

『삼국연의』는 후세 소설에 영향을 주었을 뿐만 아니라, 일반 대중들에게 입신 처세하는 윤리 교과서로 행세하기도 하고, 역사 교재 및 전술을 공부하는 병서로도 이용되어, 그 영향력은 사서四書·오경五經이나 기타 정통문학보다 훨씬 심대하였다고도 말할 수 있다.

02 작자 소개

지은이 나관중(羅貫中, 1330?~1400?)

원元나라 말엽과 명明나라 초기에 걸쳐 살았던 통속 문학가로, 이름은 본本, 일설에는 관貫, 호는 호해산인湖海散人이며, 자字가 관중이다. 그의 출생지에 관해서는 산서山西 태원太原을 비롯해 여러 가지 설이 있으나, 그 외 생애에 관해서는 거의 알려진 것이 없다.

그는 원나라와 명나라 정권이 교체되는 동란시대에 생활하면서 원나라 말기의 봉기에도 참가했다. 그러나 그는 남들과 잘 어울리지 못하는 성격 때문에, 당시의 다른 통속 문학가들처럼 벼슬길에서는 뜻을 이루지 못했다.

나관중이 지은 것으로 알려진 소설로는『삼국지통속연의三國志通俗演義』를 비롯해

『수당양조지전隋唐兩朝志傳』, 『잔당오대사연의殘唐五代史演義』, 『삼수평요전三遂平妖傳』, 『분장루粉粧樓』 등이 있으며, 혹자는『수호전水滸傳』도 원래 시내암施耐庵이 지은 내용을 나관중이 개정하여 현재의 모습으로 만들었다고 주장하기도 한다. 희곡도 3종을 지었는데, 『조태조용호풍운회趙太祖龍虎風雲會』라는 작품만 남아 있다.

03 주요인물 소개

1. 관우(關羽, ?~219)

자는 운장雲長. 촉蜀의 명장. 동한 말의 동란기에 하북성河北省 탁주琢州에서 유비를 만나, 장비와 함께 의형제를 맺어, 평생토록 그 의를 저버리지 않았으며, 문무를 겸비한 삼국시대의 대표적인 명장으로 크게 이름을 떨쳤다. 적벽대전 때에는 수군을 인솔하여 큰 공을 세웠다. 그러나 형주荊州를 맡아 천하를 도모하다가 오吳의 손권孫權이 형주를 기습해 점령하자 맥성麥城으로 도주했다가 사로잡혀 죽었다. 관우는 소설『삼국지통속연의』에서 충신의 전형으로 등장하고 있으며, 송宋나라 이후로 사람들이 관제묘關帝廟를 세워 그를 무신武神 또는 재신財神으로 모시는 등 중국 민중들의 신앙의 대상이 되었다.

2. 노숙(魯肅, 172~217)

자는 자경子敬. 오의 장수. 주유周瑜를 도와 유비와 우호를 맺는데 힘썼으며, 적벽대전에서 조조를 물리치는 데 큰 역할을 한다. 주유가 죽자 그의 유언에 따라 군마를 통솔하고 적벽대전 후 유비와 분쟁의 씨앗이 되고 있던 형주 분할 문제를 해결하여, 오의 기반을 닦았다.

3. 동탁(董卓, ?~192)

자는 중영仲穎. 189년에 외척 하진何進이 환관을 토멸하고자 할 때 이에 호응하여 군사를 거느리고 낙양洛陽으로 향하였으나, 하진은 도리어 환관에게 죽고, 환관들은 또 원소의 군대에게 몰살당하였다. 동탁은 그대로 낙양에 입성하여 헌제憲帝를 옹립하여 정권을 잡았다. 이후 황제를 폐립하고 도읍을 제멋대로 옮기는 등 횡포를 부리다가 왕윤王允과 초선貂蟬의 연환계로 수양아들 여포의 손에 무참히 죽는다.

4. 마초(馬超, 176~222)

자는 맹기孟起. 촉蜀의 맹장. 부친 마등馬騰의 원수를 갚고자 조조를 공격했으나 조조의 계략에 말려 실패했다. 한때 한중漢中의 장노張魯에게 의탁해 있으면서 유비와 대립했으나, 그의 재주를 높이 산 제갈량의 계책으로 유비에게 항복하게 되었다. 그로부터 유비의 뜻을 받들어 힘써 그를 도왔다.

5. 사마의(司馬懿, 179~251)

자는 중달仲達. 위魏의 권신. 서진西晉왕조의 사실상의 창시자. 처음에 조조의 청으로 그의 부하가 되고, 조조의 아들 조비曹丕가 위나라를 세운 뒤로 조예曹睿, 조상曹爽 등 3대 황제를 섬겼다. 지략이 뛰어난 장수로 제갈량의 최대 적수였다. 군권을 장악한 이후 위를 침입한 제갈량을 여러 차례 막아낸다. 249년 반란을 일으켜 위나라 황제 조상曹爽을 죽이고 위나라의 실권을 장악하여 진나라 건국의 기초를 닦는다.

6. 손권(孫權, 182~252)

자는 중모仲謀. 오의 초대 황제. 200년에 형 손책孫策이 죽자 그 뒤를 이어 주유 등의 보좌를 받아 오나라의 경영에 힘썼다. 221년 조조의 아들 조비가 황제라고 칭하고, 촉의 유비도 황제라고 칭하게 되자, 손권도 이에 맞서서 황제위에 오른다. 그 후는 대체로 촉나라와 결합하여 위나라에 대항하는 한편 자국의 발전에 힘썼다.

7. 유비(劉備, 161~223)

자는 현덕玄德. 촉의 초대 황제. 한 왕실의 종친으로 원래부터 큰 뜻을 품은 영웅이었다. 황건적의 난 때 관우·장비와 도원결의하고, 도당을 모아 황건적 토벌에 참가하여 벼슬길에 오른다. 이후 세력이 약해서 여러 번 패하고 각지를 전전하다가 삼고초려 끝에 제갈량을 맞아들여 그의 계략으로 세력을 떨치게 된다. 조비가 위의 황제가 되자, 그도 제위에 올라 한의 정통을 계승하여 국호를 촉한蜀漢으로 정하였다. 형주 탈환과 관우의 복수를 위해 오나라를 공격하였으나, 오나라에게 대패한 후 백제성白帝城에서 병사하였다.

8. 유선(劉禪, 207~271)

자는 공사公嗣. 촉의 2대 황제. 아버지 유비의 뒤를 이었으나 나약하여 나라를 지킬 수 없었다. 특히 제갈량이 죽은 후로는 환관 황호黃皓에게 농락당하였다.

그리하여 재위 22년 만에 위에 항복하였다. 위나라는 유선을 안락현공安樂縣公에 봉했는데 그는 이것을 만족해했다. 이 때문에 세상 사람들의 조소를 받았다 한다. 그 후 중국에서는 그의 아명인 '아두阿斗'가 무능한 사람을 가리키는 대명사가 되었다.

9. 장비(張飛, ?~221)

자는 익덕翼德. 촉의 장수. 유비·관우와 의형제를 맺어 평생을 함께 할 것을 결의하였으며, 동한 말 동란기의 수많은 전쟁터에서 절세의 용맹을 떨쳤다. 유비, 관우와는 달리 성격이 괄괄하고 단순한 편이었다. 관우와 함께 당대 최고의 용장으로 일컬어졌고, 특히 형주에서 유비가 조조군에 쫓겨 형세가 급박해졌을 때 장판교長坂橋에서 조조의 대군을 물리쳐 크게 위엄을 떨쳤다. 두 형과 더불어 한의 중흥을 위해 혼신을 다 했으나, 뜻을 이루지 못하고, 관우가 죽은 후 관우의 복수를 위하여 오를 치려는 동정에 종군할 준비를 하던 중 부하에게 암살되었다.

10. 제갈량(諸葛亮, 181~234)

자는 공명孔明. 촉의 승상. 본명이 양亮이어서 제갈량이지만 자字인 공명으로 더욱 유명하다. 어렸을 때 아버지와 사별하고 숙부를 따라 형주에 살면서 밭을 갈고 독서로 소일하며 생활하였는데, 명성이 높아 와룡선생臥龍先生이라 일컬어졌다.
이른바 유비의 '삼고의 예三顧之禮'에 응한 제갈량은 유비를 위해 '천하삼분지계天下三分之計'를 말하고, 화북華北을 제압한 조조에 대항하여 한나라 왕실을 부흥하기 위해 강남에 할거하고 있던 손권과 연합, 형주와 익주益州를 확보하여 독립할 것을 권했다. 그 이후 세상에 나와 유비와 유선을 받들어 죽는 날까지 한의 중흥에 혼신을 다한다. 당시의 기재로서 천문, 지리, 병법 등에 능통하였다. 위와 싸우기 위해 출전할 때 올린 「出師表」와 마속馬謖과 관련된 일화가 유명하다.

11. 조운(趙雲, ?~229)

자는 자룡子龍. 촉의 장수. 처음에는 공손찬公孫瓚 휘하에 있다가 나중에 유비의 신하가 되어 용맹을 떨쳤다. 유비가 장판에서 조조에게 쫓겨 유아였던 아들 선禪과 감甘부인을 버리고 도망갔을 때 조운이 단신으로 조조의 백만대군을 뚫고 이를 구출하여 이름을 떨쳤다. 관우·장비와 함께 평생 유비를 한마음으로 섬겨 마침내 그가 패업을 이루도록 하였다.

12. 조조(曹操, 155~220)

자는 맹덕孟德. 위나라의 초대 왕. 황건적의 난 평정에 공을 세우고 두각을 나타내어 마침내 헌제를 옹립하고, 뛰어난 지모와 웅지를 품고 종횡으로 무력을 휘두르게 된다. 화북을 거의 평정하고 나서 남하를 꾀했는데, 건안建安 13년 손권, 유비의 연합군과 적벽에서 싸워 대패한 이후로 그 세력이 강남에는 미치지 못하였다. 후세에 조조는 간신의 전형처럼 여겨져 왔지만, 근년에 이르러 그에 대한 평가가 다시 이루어지고 있다.

13. 주유(周瑜, 176~210)

자는 공근公瑾. 오의 장수. 오나라를 건국한 손권의 아버지 손견孫堅이 동탁 토벌의 의병을 일으키자 이에 가담하였다. 주유는 같은 연령인 손견의 아들 손책孫策과 형제처럼 친했고 서로 협력하여 강동의 장악에 힘썼다. 지략이 뛰어난 장수로 손책 사후 손권이 왕위를 계승한 이후 군마를 총독하였다. 적벽대전 때 제갈량과 함께 조조군을 크게 격파하였으나, 큰 뜻을 펴지 못한 채 36세로 요절하였다.

14. 화타(華陀, ?~208)

자는 원화元化. 당시의 뛰어난 명의. 오나라에서는 주태周泰가 여러 곳에 상처를 입어 죽게 된 것을 치료해 살렸고, 그 후 관우가 화살을 맞아 고생한다는 말을 듣고 형주로 찾아가 치료하였다. 조조가 말년에 두통이 심하다고 불렀을 때 골수술을 제안했다가 조조의 노여움을 사 주살당하였다.

15. 황개(黃蓋, ?~?)

자는 공복公覆. 오의 장수. 손견, 손책, 손권을 차례로 섬기면서 많은 공을 세웠다. 특히적벽 대전 때 고육계로써 주유를 도와 큰 공을 세웠다.

차 례

火烧赤壁[1]

这天晚上，周瑜正在帐中休息，老将黄盖
Zhè tiān wǎnshang, Zhōu Yú zhèng zài zhàng zhōng xiūxi, lǎojiàng Huáng Gài

悄悄走进来。周瑜问他来意，黄盖说："如今敌人
qiāoqiāo zǒu jìnlái. Zhōu Yú wèn tā láiyì, Huáng Gài shuō : "Rújīn dírén

兵多，我们兵少，最好是用火攻。否则，不知何时
bīng duō, wǒmen bīng shǎo, zuìhǎo shì yòng huǒgōng. Fǒuzé, bù zhī héshí

才能取胜。"周瑜说："我也是这样想，只是要有人
cái néng qǔshèng." Zhōu Yú shuō : "Wǒ yě shì zhèyàng xiǎng, zhǐshì yào yǒurén

去曹操那里假装投降，我们才好里应外合，按计行
qù Cáo Cāo nàli jiǎzhuāng tóuxiáng, wǒmen cái hǎo lǐ yīng wài hé, àn jì xíng

事。"
shì."

黄盖马上说："我倒愿意去。"周瑜想了想说：
Huáng Gài mǎshàng shuō : "Wǒ dào yuànyì qù." Zhōu Yú xiǎng le xiǎng shuō :

"你去诈降，若要他相信，恐怕要吃些苦头。"黄盖
"Nǐ qù zhàxiáng, ruò yào tā xiāngxìn, kǒngpà yào chī xiē kǔtóu." Huáng Gài

毫不犹豫地答道："为了保全东吴的江山，就是死
háo bù yóuyù de dádào : "Wèile bǎoquán Dōngwú de jiāngshān, jiùshì sǐ

我也不怕，更何况只是吃些皮肉之苦。"
wǒ yě bú pà, gèng hékuàng zhǐshì chī xiē píròu zhī kǔ."

불로 적벽을 태우다

이날 저녁, 주유가 막사에서 쉬고 있는
데, 노장 황개가 조용히 들어왔다. 주유가
황개에게 온 연유를 물으니, 황개가 말했
다. "지금 적은 병사가 많고, 우리들은 병
사가 적으니, 화공을 쓰는 게 가장 좋습니다.
그렇지 않으면, 언제 승리할 수 있을 지 모릅니다."
주유가 말했다. "저도 그렇게 생각합니다. 다만, 누
군가 조조한테 가서 거짓 항복을 해야, 우리들이 안팎으로
호응할 수 있어 계획대로 진척이 될텐데요."

황개가 바로 말했다. "제가 가겠습니다." 주유는 잠시 생각하다가 말했다. "거
짓 항복을 하러 가서, 조조를 믿게 하려면, 고초가 많으실텐데요." 황개는 조금도
망설이지 않고 대답했다. "동오의 강산을 보전하기 위해서라면 설사 죽는다 해도
두렵지 않습니다. 하물며 육체적인 고초 쯤이야 아무것도 아니지요."

1 火燒赤壁 : 서기 208년에 호북성(湖北省) 가어현(嘉魚縣)의 북동, 양자강(揚子
江) 남안(南岸)에 있는 적벽에서 치루어진 전투를 가리킨다. 원소(袁紹)를 무찌르
고 화북(華北)을 평정한 조조는 중국을 통일하려고 80만 대군을 이끌고 남하, 적
벽에서 손권·유비 연합군과 대치하였다. 그러나 손권의 장수 황개(黃蓋)가 화공
(火攻) 계략을 세워 조조는 전선(戰船)이 불타는 대패를 당하고 화북으로 후퇴했다.
이 결과 손권의 강남 지배가 확정되고 유비도 형주(荊州) 서부에 세력을 얻어 천
하 3분의 형세가 확정되었다.

里应外合 _ 안팎에서 서로 호응하다, 밖에서 공격하고 안에서 응대하다 ┃ **按计** _ 계획대로, 계획에 따
라 ┃ **诈降** _ 거짓 항복하다, 항복하는 체하다 ┃ **苦头** _ 고통, 고난, 고초 ┃ **毫不** _ 조금도 ∼하지
않다 ┃ **犹豫** _ 주저하다, 망설이다, 머뭇거리다 ┃ **皮肉之苦** _ 육체적인 고통

周瑜听后大喜，赶忙离开座位，朝黄盖拜了两
Zhōu Yú tīng hòu dàxǐ, gǎnmáng líkāi zuòwèi, cháo Huáng Gài bài le liǎng

拜，说："将军肯施苦肉计[1]，整个江东的百姓都会
bài, shuō : "Jiāngjūn kěn shī kǔròujì, zhěnggè Jiāngdōng de bǎixìng dōu huì

感激你的。"
gǎnjī nǐ de."

第二天，周瑜就召集众人，说道："如今曹操
Dì èr tiān, Zhōu Yú jiù zhàojí zhòngrén, shuōdào : "Rújīn Cáo Cāo

兵多将广，不是一时能打败的，大家都先去领三个
bīng duō jiàng guǎng, bú shì yìshí néng dǎbài de, dàjiā dōu xiān qù lǐng sān ge

月的粮草，准备与曹军长期对峙下去。"话未说完，
yuè de liángcǎo, zhǔnbèi yǔ Cáo jūn chángqī duìzhì xiàqù." Huà wèi shuō wán,

黄盖就从旁边闪出，大声反对周瑜："别说三个
Huáng Gài jiù cóng pángbiān shǎnchū, dàshēng fǎnduì Zhōu Yú : "Bié shuō sān ge

月，就是三十个月也未必打得过曹操，我看还是投
yuè, jiùshì sānshí ge yuè yě wèibì dǎ de guò Cáo Cāo, wǒ kàn háishi tóu

降的好。"
xiáng de hǎo."

周瑜听了非常恼怒，便命军士将这个动摇军心
Zhōu Yú tīng le fēicháng nǎonù, biàn mìng jūnshì jiāng zhège dòngyáo jūnxīn

的老将拉出去重责。众人虽苦苦说情也没有用，看
de lǎojiàng lā chūqù zhòngzé. Zhòngrén suī kǔkǔ shuōqíng yě méiyǒu yòng, kàn

着黄盖被打了一百棒。黄盖年纪已大，又被打得皮
zhe Huáng Gài bèi dǎ le yìbǎi bàng. Huáng Gài niánjì yǐ dà, yòu bèi dǎ de pí

开肉绽，鲜血直流，晕过去好几次。大家都难过地
kāi ròu zhàn, xiānxuè zhíliú, yūn guòqù hǎojǐ cì. Dàjiā dōu nánguò de

陪着流了不少眼泪。
péi zhe liú le bù shǎo yǎnlèi.

주유는 듣고 크게 기뻐하며 얼른 자리에서 일어나 황개에게 절을 두 번 하며 말했다. "장군께서 기꺼이 고육계를 하시겠다니, 우리 강동의 모든 백성들이 장군께 감사해할 것입니다."

이튿날, 주유는 사람들을 소집하여 말했다. "지금 조조는 병사와 장수가 많으니, 단시간에 물리칠 수 있는 게 아니오. 모두들 우선 군량과 마초 석 달치를 가지고 가서 조조군과 장기 대치를 하시오." 말이 미처 끝나기도 전에 황개가 옆에서 번개처럼 나타나서 큰 소리로 주유에게 반대했다. "석 달은 커녕 서른 달이라 할지라도 조조한테 이기긴 힘들거요. 그냥 항복하는 게 낫겠소."

주유는 듣고 크게 노하여, 군사에게 명해 군심을 동요시키는 노장을 끌고나가 엄중하게 다스리라고 했다. 사람들이 간절히 통사정해도 소용이 없어, 황개가 곤장 백 대를 맞는 것을 보고 있을 수밖에 없었다. 황개는 나이도 많은데, 살이 터지고 선혈이 낭자해질 정도로 맞아, 몇 번이나 혼절하였다. 모두들 괴로워하며 함께 많은 눈물을 흘렸다.

1 苦肉计 : 고육지책. 자기 몸을 상해가면서까지 꾸며내는 방책이라는 뜻으로, 일반적으로 어려운 상태에서 벗어나기 위하여 어쩔 수 없이 하는 계책을 말한다.

兵多将广 _ 장교와 사병이 많다. 군대의 세력이 성대한 모양 ｜ **对峙** _ 대치하다. 서로 맞서다 ｜ **闪出** _ 번개처럼 나타나다. 갑자기 나타나다 ｜ **未必** _ 반드시 ~한 것은 아니다 ｜ **恼怒** _ 성내다. 노하다 ｜ **重责** _ 엄하게 책망하다. 호되게 꾸짖다 ｜ **说情** _ 통사정하다. 사정을 봐달라고 부탁하다 ｜ **年纪** _ 연령. 나이 ｜ **皮开肉绽** _ 피부가 찢기고 터지다 ｜ **晕** _ 기절하다. 졸도하다

黄盖挨了打，便叫手下一名得力的谋士送给曹
Huáng Gài ái le dǎ, biàn jiào shǒuxià yì míng délì de móushì sònggěi Cáo

操一封诈降的书信。曹操开始根本不信，那谋士却
Cāo yì fēng zhàxiáng de shūxìn. Cáo Cāo kāishǐ gēnběn bú xìn, nà móushì què

说："我听说曹丞相是最尊敬贤士，爱护人才才特
shuō : "Wǒ tīngshuō Cáo chéngxiàng shì zuì zūnjìng xiánshì, àihù réncái cái tè

意来到这里，谁知黄老将军诚心诚意地写信，你却
yì láidào zhèli, shéi zhī Huáng lǎo jiāngjūn chéng xīn chéng yì de xiě xìn, nǐ què

不肯相信，辜负了老将军的一片心意。"
bù kěn xiāngxìn, gūfù le lǎo jiāngjūn de yí piàn xīnyì."

曹操说："你别狡辩，如果他真心投降，如何
Cáo Cāo shuō : "Nǐ bié jiǎobiàn, rúguǒ tā zhēnxīn tóuxiáng, rúhé

不约好领兵前来投奔的时间？"
bù yuē hǎo lǐngbīng qiánlái tóubèn de shíjiān?"

谋士说："您熟读兵书，怎么会不知道，这种
Móushì shuō : "Nín shúdú bīngshū, zěnme huì bù zhīdào, zhè zhǒng

事情最怕提前约好，如果到时一方因为什么原因不
shìqing zuì pà tíqián yuē hǎo, rúguǒ dàoshí yìfāng yīnwèi shénme yuányīn bù

能相见，另一方又按时去接，那事情不就败露了！
néng xiāngjiàn, lìng yìfāng yòu ànshí qù jiē, nà shìqing bú jiù bàilù le!

这事只能临时看情况而定。"
Zhè shì zhǐ néng línshí kàn qíngkuàng ér dìng."

황개는 곤장을 맞고 나서, 수하 중에서 유능한 책사를 시켜 조조에게 거짓 항복의 서신을 보냈다. 조조가 처음에 전혀 믿지를 않자, 그 책사가 말했다. "저는 조승상께서 뛰어난 선비를 가장 존경하고, 인재를 가장 아낀다는 얘기를 듣고, 특별히 여기로 온 것입니다. 황 장군께서 성심성의껏 쓰신 편지를 오히려 믿지 않으시고, 노장의 마음을 헛되게 할 줄 전혀 몰랐습니다."

조조가 말했다. "교활하게 궤변을 늘어놓지 마시오. 만약 그가 진심으로 항복하겠다면, 왜 병사를 이끌고 투신할 시간을 정하지 않는거요?"

책사가 말했다. "승상은 병서를 숙독하셨으면서 이러한 일은 미리 약속하는 것이 가장 꺼리는 것임을 어찌 모르실 수 있습니까? 만약 약속한 때가 되어 한쪽이 어떤 이유 때문에 만날 수 없는데, 다른 한쪽이 시간에 맞춰 맞으러 나섰다가는 그 일이 들켜버릴 것이 아니겠습니까? 이런 일은 그때그때 상황에 따라 정할 수밖에 없습니다."

挨打 _ 매맞다, 구타당하다 | 得力 _ 유능한 | 诚心诚意 _ 성심성의 | 辜负 _ (호의·기대·도움 따위를) 헛되이 저버리다, 헛되게 하다 | 狡辩 _ 교활하게 변명하다, 궤변을 하다 | 熟读 _ 숙독하다 | 一方 _ 한쪽, 한방면, 일면 | 按时 _ 제때에, 제 시간에, 규정된 시간대로 | 败露 _ 폭로되다, 발각되다, 드러나다 | 临时 _ 그때가 되어서, 때에 이르러서

曹操听了觉得有道理，到了晚上，曹操派去东

吴刺探的密探回来了，也说了黄盖被打的事情，曹

操才完全相信了黄盖。此后，黄盖不断提供给曹操

假消息、假情报，为东吴打败曹操起了很重要的作

用。

周瑜巧施苦肉计，让黄盖诈降后，又派了一位

名士庞统假意向曹操献上"连环计[1]"。曹操很信任

庞统，就采用了他的意见，把水军的大小船只都用

铁链连了起来。

这天，曹操巡视水寨，看到很多船都用铁链锁

在一起，上面铺着木板。船身十分地平稳，而且船

上人马都可以往来穿梭。曹操非常高兴，大加赞赏。

조조는 듣고 일리가 있다고 생각했다. 저녁이 되었을 때, 조조가 동오로 정탐을 보낸 밀정이 돌아와서, 마찬가지로 황개가 맞은 일을 말하였고, 조조는 그제서야 황개를 완전히 믿게 되었다. 이후로, 황개는 끊임없이 조조에게 가짜 소식과 가짜 정보를 제공하여, 동오가 조조를 물리치는 데 중요한 역할을 하였다.

주유는 교묘하게 고육책을 사용하여 황개를 거짓 항복시킨 뒤, 명사 방통을 보내 일부러 조조에게 '연환계'를 바치게 했다. 조조는 방통을 아주 신임하여, 그의 의견을 받아들여서는 수군의 큰 배와 작은 배를 모두 쇠사슬로 비끄러매게 했다.

이날, 조조는 수군진영을 순시하며, 많은 배들이 쇠사슬로 함께 비끄러매어져 있고, 위에는 목판이 깔려진 것을 보았다. 선체가 아주 평평하고, 배 위의 인마들이 쉽게 이리저리 왔다 갔다 할 수 있었다. 조조는 아주 기뻐하여, 크게 칭찬하였다.

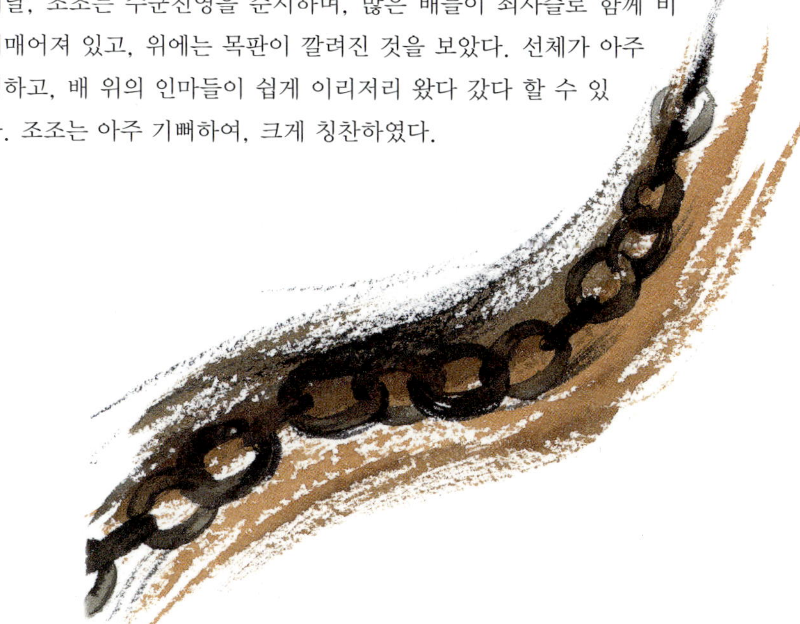

> **1** 连环计 : 연환계. 연환이란 쇠로 된 고리를 꿰어 만든 사슬을 뜻하는 것으로, 이 계책은 주유가 방통을 조조에게 보내어 풍랑을 이기기 위해 군함들을 쇠고리로 연결시키는 계책을 쓰게 한 뒤에, 자신은 화공을 이용하여 조조의 수군을 전멸시킨 것에서 유래한다. 그래서 연환계란 쇠고리로 연결하는 계책이란 뜻도 있고, 위 고사와 연결되어 여러 가지 계책을 연결한 계책이란 뜻도 있다.

刺探 _ 정탐하다. 탐지하다 | 密探 _ 간첩, 첩자, 밀정 | 假意 _ 고의로, 일부러 | 巡视 _ 순시하다. 돌아다니며 시찰하다 | 铁链 _ 쇠사슬 | 锁 _ (자물쇠로) 채우다, (쇠사슬로) 묶다 | 铺 _ 깔다. 펴다 | 船身 _ 선체 | 平稳 _ 안정되다, 평온하다 | 赞赏 _ 상찬하다. 칭찬하다

这时，一个谋士说："把船连接在一起，固然

有许多好处。但如果敌人用火攻，这就很难躲避，

不可不防啊。"

曹操听了大笑："你虽然考虑得很细，不过你

忘了最重要的一点，那就是火攻需要借助风力。现

在深冬时节，只有西风北风，我们在西北方向，江

东若用火攻，让西北风一吹，只能烧了他们自己，

我怕什么呢？"众人听了曹操的话觉得十分有道理，

也就不再担心。

再说周瑜站在东南岸山顶上，也往江中

眺望，正思索火攻的计策，突然一阵大风刮来，江

面波浪起伏，他面前的军旗也被掀动，从他脸上

拂过。

이때, 한 책사가 말했다. "배를 함께 비끄러매면, 물론 좋은 점이 아주 많습니다. 하지만 만일 적들이 불로 공격해 오면, 피하기가 아주 곤란하니, 미리 방비하지 않을 수 없습니다."

조조는 듣고 껄껄 웃었다. "당신은 생각하는 것은 아주 세심하지만, 아주 중요한 점을 잊었소. 그건 바로 불로 공격을 하려면 바람의 힘을 빌려야 한다는 거지. 지금은 한겨울이라 서풍과 북풍밖에 없는데 우리들은 서북쪽에 있으니, 강동에서 불로 공격한다한들 서북풍이 불면 자기들을 불질러 태울텐데, 내가 뭐가 두렵겠소?" 사람들은 조조의 말을 듣고 아주 일리가 있다고 생각해, 다시는 걱정하지 않았다.

한편 주유는 동남쪽 기슭에 있는 산 정상에 서서 강을 조망하며 화공의 계책에 대해 깊이 생각하고 있었다. 갑자기 일진 대풍이 불어와 수면에 파도가 일자, 그의 앞에 있던 군기가 나부끼며 그의 얼굴을 스쳤다.

深冬 _ 엄동, 한겨울 | 眺望 _ 바라보다, 전망[조망]하다 | 思索 _ 사색하다, 깊이 생각하다 | 起伏 _ 기복하다, 일기 시작하다 | 掀动 _ 나부끼다, 움직이다 | 拂过 _ 스쳐 지나가다

周瑜大叫一声，口吐鲜血，倒在地上。众人慌
Zhōu Yú dà jiào yì shēng, kǒu tù xiānxuè, dǎo zài dìshang. Zhòngrén huāng

忙将他抬进大帐，一面请军医，一面遣人去报告孙
máng jiāng tā táijìn dàzhàng, yímiàn qǐng jūnyī, yímiàn qiǎn rén qù bàogào Sūn

权。其中鲁肃最是心急，他来见孔明说："都督突
Quán. Qízhōng Lǔ Sù zuì shì xīnjí, tā lái jiàn Kǒngmíng shuō : "Dūdu tū

然生病，这时曹军要攻打过来可怎么办呢？"
rán shēngbìng, zhèshí Cáo jūn yào gōngdǎ guòlái kě zěnmebàn ne?"

孔明微微一笑说："都督的病我能治。"
Kǒngmíng wēiwēi yí xiào shuō : "Dūdu de bìng wǒ néng zhì."

鲁肃听他如此说，赶紧拉了他去看周瑜。
Lǔ Sù tīng tā rúcǐ shuō, gǎnjǐn lā le tā qù kàn Zhōu Yú.

孔明来到帐中问候："几天没见，没想到都督
Kǒngmíng láidào zhàng zhōng wènhòu : "Jǐ tiān méi jiàn, méi xiǎngdào dūdu

生病了。"周瑜勉强笑道："'人有旦夕祸福'，谁能
shēngbìng le." Zhōu Yú miǎnqiǎng xiào dào : " 'Rén yǒu dànxī huòfú', shéi néng

不生病呢？"孔明笑道："是啊，'天有不测风云'，
bù shēngbìng ne?" Kǒngmíng xiào dào : "Shì a, 'Tiān yǒu bú cè fēngyún',

人又怎么能料想得到呢？"周瑜听了，顿时变了脸
rén yòu zěnme néng liàoxiǎng de dào ne?" Zhōu Yú tīng le, dùnshí biàn le liǎn

色，故意呻吟了几声。
sè, gùyì shēnyín le jǐ shēng.

孔明又说："都督不必着急，我倒有一剂秘方，
Kǒngmíng yòu shuō : "Dūdu búbì zháojí, wǒ dào yǒu yí jì mìfāng,

能治好都督的病。"说着，便提笔在纸上写下数字，
néng zhìhǎo dūdu de bìng." Shuō zhe, biàn tíbǐ zài zhǐshang xiěxià shùzì,

递给周瑜。
dìgěi Zhōu Yú.

주유는 크게 외마디 소리를 지르고는, 입에서 시뻘건 피를 토하며 땅바닥에 쓰러졌다. 사람들이 급히 그를 막사로 들고 들어가서, 군의관을 부르는 한편 사람을 보내 손권에게 보고하도록 했다. 사람들 가운데서 노숙이 가장 마음이 조급해, 공명을 찾아와서 말했다. "도독께서 갑자기 병이 나셨는데, 이때 조조의 군대가 공격해 오면 어떻하나요?"

공명은 미소를 지으며 말했다. "도독의 병은 제가 고칠 수 있습니다."

노숙은 공명의 이러한 말을 듣고, 서둘러서 그를 데리고 주유를 만나러 갔다.

공명이 막사에 와서 안부를 물었다. "며칠 못 뵈었는데, 도독께서 병이 나실 줄은 생각지도 못했습니다." 주유가 억지로 웃으며 말했다. "'사람은 아침저녁 사이에 불행한 일도 생기고 좋은 일도 생긴다'라는 말이 있습니다. 병이 안나는 사람이 어디 있습니까?" 공명이 웃으며 말했다. "그렇습니다. '하늘도 바람과 구름이 일어나는 것은 미리 짐작할 수 없다'고 했습니다. 그러니 사람이 어찌 예측할 수 있겠습니까?" 주유가 듣고 갑자기 얼굴색이 변하더니, 몇 번 신음하는 시늉을 하였다.

공명이 또 말했다. "도독께서는 초조해하지 마십시오. 저에게 비방이 하나 있사온데, 도독의 병을 고칠 수가 있습니다." 말하며 붓을 들고 종이에 몇 자 써서, 주유에게 건네주었다.

倒 _ 넘어지다 ┃ **抬进** _ 들고 들어가다 ┃ **心急** _ 초조하다, 애타다 ┃ **问候** _ 문안드리다, 안부를 묻다 ┃ **勉强** _ 간신히, 가까스로, 마지못해 ┃ **料想得到** _ 예상하다, 추측하다 ┃ **顿时** _ 갑자기, 일시에, 바로 ┃ **呻吟** _ 신음하다 ┃ **秘方** _ 비방

周瑜看时，只见上面写着："欲破曹公，宜用
Zhōu Yú kàn shí, zhǐ jiàn shàngmian xiě zhe : "Yù pò Cáo gōng, yí yòng

火攻，万事俱备，只欠东风。"周瑜看完，心中暗
huǒgōng, wànshì jùbèi, zhǐ qiàn dōngfēng." Zhōu Yú kàn wán, xīnzhōng àn

暗佩服："诸葛亮果然厉害，看来我想火攻曹军的
àn pèifú : "Zhūgé Liàng guǒrán lìhai, kànlái wǒ xiǎng huǒgōng Cáo jūn de

方法他早就猜到，如今真得好好请教他这西北风的
fāngfǎ tā zǎojiù cāidào, rújīn zhēn děi hǎohāo qǐngjiào tā zhè xīběifēng de

问题了。"
wèntí le."

孔明又说："我曾学过呼风唤雨之术，只要开
Kǒngmíng yòu shuō : "Wǒ céng xué guo hū fēng huàn yǔ zhī shù, zhǐyào kāi

坛做法，便能借来三天三夜的东南大风。"
tán zuòfǎ, biàn néng jièlái sān tiān sān yè de dōngnán dàfēng."

周瑜一听，立刻浑身一轻，马上从床上纵身
Zhōu Yú yì tīng, lìkè húnshēn yì qīng, mǎshàng cóng chuángshang zòngshēn

跳下来，传令修建祭坛，请孔明做法"借"东风。
tiào xiàlái, chuánlìng xiūjiàn jìtán, qǐng Kǒngmíng zuòfǎ "jiè" dōngfēng.

等坛筑好，孔明便穿上法衣，登坛做法。可直到天
Děng tán zhù hǎo, Kǒngmíng biàn chuānshàng fǎyī, dēng tán zuòfǎ. Kě zhídào tiān

黑，周瑜等人也不见有东南风。这时，东吴的将领
hēi, Zhōu Yú děng rén yě bújiàn yǒu dōngnánfēng. Zhèshí, Dōngwú de jiànglǐng

和士兵都已经做好了出战的准备，人们都不知道
hé shìbīng dōu yǐjing zuò hǎo le chūzhàn de zhǔnbèi, rénmen dōu bù zhīdào

周瑜还在等些什么。周瑜在帐中更是坐立不安，走
Zhōu Yú hái zài děng xiē shénme. Zhōu Yú zài zhàng zhōng gèng shì zuò lì bù ān, zǒu

来走去，不时看看外面的大旗。
lái zǒu qù, bùshí kànkan wàimian de dàqí.

주유가 보니, 위에 이렇게 쓰여 있었다. '조조를 물리치려면 화공을 쓰는 것이 마땅한데, 만사가 다 구비되어 있으나, 오직 동풍만이 없네.' 주유는 보고 나서, 속으로 슬며시 탄복하였다. '제갈량은 정말 대단하구나. 내가 조조군을 불로써 공격하려고 하는 것을 진작부터 알고 있는 것 같으니, 지금 그에게 서북풍의 문제에 대해 잘 좀 물어봐야겠다.'

공명이 또 말했다. "저는 이전에 바람을 불게 하고 비를 내리게 하는 법술을 배운 적이 있습니다. 제단을 만들어 법술을 부리면, 사흘 낮 사흘 밤 동안 동남풍을 빌려올 수 있습니다."

주유는 듣자마자 온몸이 가벼워지며, 바로 침대에서 훌쩍 뛰어내려와 제단을 만들 것을 명하고, 공명에게 법술을 써서 동풍을 빌리기를 청하였다. 제단이 다 만들어지자, 공명은 법의를 입고 제단에 올라가 법술을 부렸다. 그러나 날이 어두워질 때까지도, 주유 등은 동남풍이 부는 걸 보지 못했다. 이때, 동오의 장수와 병사들은 이미 출전 준비를 다 끝냈는데, 주유가 여태 뭘 기다리고 있는지 알지 못했다. 주유는 막사 안에서 더욱 좌불안석하며 왔다갔다 하고 있었는데, 한번씩 밖의 큰 깃발을 쳐다보았다.

宜 _ 적합하다, 알맞다　┃　欠 _ 부족하다, 모자라다　┃　猜 _ 추측하다, 알아맞히다　┃　呼风唤雨 _ 비바람을 부르다　┃　开坛 _ 제단을 설치하다　┃　做法 _ 술법을 행하다, 법술을 쓰다　┃　修建 _ 건설하다, 시공하다, 부설하다　┃　法衣 _ 법의, 법복　┃　不时 _ 때때로, 종종

将近三更的时候，突然听见帐外旗帜哗哗翻动，周瑜等人出去一看，果然所有旗帜都飘向西北，刮起了东南大风。

周瑜高兴之余，突然想到：孔明竟然有这样大的本事，实在可怕，只有杀了他，才可安心。于是，便派人去杀孔明。谁知领命的将官赶到祭坛时，孔明早就坐船离开了。那将官还不甘心，又坐船追赶上来，站在船头高喊："孔明先生不要走，都督有要紧事请你。"

孔明站在船尾，大笑着说："我回夏口去了，请转告都督，我早料到他要害我，所以事先叫赵云来接我，就请你不要再追了。"

밤 11시가 다 되어갈 무렵, 갑자기 막사 밖의 깃발이 펄럭이며 움직이는 소리가 들려 주유 등의 사람들이 나가 보니, 과연 모든 깃발이 모두 서북쪽으로 나부끼고 있는 것이, 동남풍이 불기 시작한 것이었다.

주유는 기뻐하다가, 불현듯 생각했다. '공명이 이렇듯 큰 재주가 있다니, 실로 두렵구나. 그를 죽여야만 겨우 안심할 수 있겠다.' 그래서 사람을 보내 공명을 죽이게 했다. 누가 알았으랴. 명을 받들고 간 장수가 제단에 갔을 때, 공명은 이미 벌써 배를 타고 떠난 것이었다. 그 장수는 단념하지 않고 배를 타고 쫓아가서, 뱃머리에 서서 고함쳤다. "공명 선생은 가지 마시오. 도독께서 중요한 일이 있으시다고 모시고 오라고 하셨습니다."

공명은 배꼬리에 서서 껄껄 웃으며 말했다. "저는 하구로 돌아간다고 도독께 전해 주십시오. 나는 진작에 도독께서 나를 해치려고 한다는 걸 알고 있었습니다. 그래서 미리 조운에게 마중 나오게 한 것이니, 더 이상 쫓아오지 마십시오."

将近 _ 거의 ~에 가깝다 ▎ 哗哗 _ 펄럭, 휘릭 ▎ 翻动 _ 원래의 위치나 모양을 바꾸다 ▎ 飘向 _ ~쪽으로 나부끼다[펄럭이다] ▎ 刮 _ 바람이 불다 ▎ 竟然 _ 뜻밖에도, 의외로, 상상외로 ▎ 实在 _ 확실히, 정말, 참으로 ▎ 领命 _ 명령을 받다 ▎ 甘心 _ 단념하다, 체념하다 ▎ 事先 _ 사전에, 미리

那将领如何肯放，只管加速追赶。这时，赵云
Nà jiànglǐng rúhé kěn fàng, zhǐ guǎn jiāsù zhuīgǎn. Zhèshí, Zhào Yún

站在船尾，搭弓喊道："我是常山赵子龙，你要再追，
zhàn zài chuánwěi, dā gōng hǎndào : "Wǒ shì Chángshān Zhào Zǐlóng, nǐ yào zài zhuī,

就一箭射死你。"说着，嗖的一箭，把那将领所乘
jiù yí jiàn shèsǐ nǐ." Shuō zhe, sōu de yí jiàn, bǎ nà jiànglǐng suǒ chéng

船的篷索射断。那船帆布掉落，便横在江中走
chuán de péngsuǒ shèduàn. Nà chuán fānbù diàoluò, biàn héng zài jiāng zhōng zǒu

不动了。而诸葛亮的船则扯满了风帆，飞一般地顺
bu dòng le. Ér Zhūgé Liàng de chuán zé chěmǎn le fēngfān, fēi yìbān de shùn

风而去了。
fēng ér qù le.

孔明借来东风的第二天早上，周瑜就调兵遣
Kǒngmíng jièlái dōngfēng de dì èr tiān zǎoshang, Zhōu Yú jiù diào bīng qiǎn

将，准备当晚攻打曹操水军。孔明回到夏口后，也
jiàng, zhǔnbèi dàngwǎn gōngdǎ Cáo Cāo shuǐjūn. Kǒngmíng huídào Xiàkǒu hòu, yě

和刘备商议派赵云、关羽、张飞等各带人马，准备
hé Liú Bèi shāngyì pài Zhào Yún、Guān Yǔ、Zhāng Fēi děng gè dài rénmǎ, zhǔnbèi

截击曹操陆军。
jiéjī Cáo Cāo lùjūn.

　그 장수는 놓아주지 않고, 계속해서 속도를 높여 쫓아왔다. 이때, 조운이 배꼬리에 서서 활을 당기며 고함쳤다. "나는 상산의 조자룡이다. 만약 계속 쫓아오면, 활을 쏘아 죽이겠다." 말하며 '핑' 하고 활을 쏘아 그 장수가 타고 있던 배의 돛대 줄을 맞춰 끊어버렸다. 그 배는 돛이 떨어지자, 강 가운데 멈추어 선 채 꼼짝달싹 못했다. 그러나 제갈량의 배는 가득히 돛을 올려 나는 듯이 바람을 타고 가 버렸다.

　공명이 동풍을 빌린 이튿날 아침, 주유는 병사와 장수를 보내 그날 밤 조조의 수군을 공격하려고 하였다. 공명은 하구로 돌아간 후, 유비와 상의해서 조운, 관우와 장비 등을 보내 각기 인마를 거느리고 조조의 수군을 도중에
서 공격하도록 하였다.

搭弓 _ 활을 걸다　｜　嗖 _ 횡. 씽. 핑[신속하게 지나가는 소리를 형용]　｜　蓬索 _ 돛대의 줄　｜　帆布 _ 범포. 돛　｜　掉落 _ 떨어지다　｜　扯满 _ 돛을 가득 펼치다　｜　调兵遣将 _ 병력을 이동시키고 장수를 파견하다. 인원을 이동배치하다　｜　截击 _ 도중에서 차단하여 공격하다

　　这时，曹操正在等候黄盖来投奔自己的消息。
Zhèshí, Cáo Cāo zhèngzài děnghòu Huáng Gài lái tóubèn zìjǐ de xiāoxi.

有谋士进来说："昨天夜里突然刮起东南风，应该
Yǒu móushì jìnlái shuō : "Zuótiān yèli tūrán guāqǐ dōngnánfēng, yīnggāi

提防才是。"曹操却笑了笑说："冬至天气和暖，刮
dīfáng cái shì." Cáo Cāo què xiào le xiào shuō : "Dōngzhì tiānqì hénuǎn, guā

些东南风也没什么了不起的。"正说着，有人送来
xiē dōngnánfēng yě méi shénme liǎo bu qǐ de." Zhèng shuō zhe, yǒurén sònglái

了黄盖的密信。信上说黄盖约定今晚夺了粮船来
le Huáng Gài de mìxìn. Xìnshang shuō Huáng Gài yuēdìng jīnwǎn duó le liángchuán lái

投奔曹操，船上插青龙旗为标记。曹操看完信十分
tóubèn Cáo Cāo, chuánshang chā qīnglóng qí wéi biāojì. Cáo Cāo kàn wán xìn shífēn

高兴，便带领众人来到水寨大船上等候。
gāoxìng, biàn dàilǐng zhòngrén láidào shuǐzhài dàchuánshang děnghòu.

　　当晚，东南风越刮越急。到了二更，月光下隐
Dàngwǎn, dōngnánfēng yuè guā yuè jí. Dào le èr gēng, yuèguāng xià yǐn

隐约约望见一队帆船驶来，不一会儿便看得清清楚
yǐnyuēyuē wàngjiàn yí duì fānchuán shǐlái, bù yíhuìr biàn kàn de qīngqīngchǔ

楚，那些船上都插着青龙旗，中间船上一面大旗，
chǔ, nàxiē chuánshang dōu chā zhe qīnglóng qí, zhōngjiān chuánshang yí miàn dàqí,

上面写着"先锋黄盖"的大字。曹操高兴得哈哈大笑。
shàngmian xiě zhe "xiānfēng Huáng Gài" de dàzì. Cáo Cāo gāoxìng de hāhā dàxiào.

船越来越近，一个谋士说："这船一定有假，粮船
Chuán yuèláiyuè jìn, yí ge móushì shuō : "Zhè chuán yídìng yǒu jiǎ, liángchuán

都是又沉又稳，怎么这些船都这样轻飘。现在东
dōu shì yòu chén yòu wěn, zěnme zhèxiē chuán dōu zhèyàng qīngpiāo. Xiànzài dōng

南风正紧，怕是要小心，别让他们靠近水寨。"
nánfēng zhèng jǐn, pà shì yào xiǎoxīn, bié ràng tāmen kàojìn shuǐzhài."

　이때, 조조는 황개가 자기에게 투항하러 오는 소식을 기다리고 있었다. 한 책사가 들어와 말했다. "어젯밤 갑자기 동남풍이 불기 시작했는데, 방비하시는 게 좋을 듯합니다." 조조는 그러나 웃으며 말했다. "동짓날은 날씨가 따뜻해서, 동남풍이 불어도 대단한 것이 못 되네." 말하고 있는 중간에 누가 황개의 밀신을 가져왔다. 편지에는 황개가 오늘 밤 군량을 실은 배를 탈취해 타고 조조에게 항복하러 올 것이며, 배에는 청룡기를 꽂아서 표시하겠다고 약속하고 있었다. 조조는 편지를 보고 아주 기뻐하며, 사람들을 거느리고 수군 진영에 있는 큰 배에 가서 기다렸다.

　그날 밤, 시간이 갈수록 동남풍이 점점 더 세차게 불어왔다. 밤 9시가 되니, 달빛 아래에 어렴풋이 범선 한 척이 오고 있는 것이 보였다. 얼마 안 돼 선명하게 잘 보였는데, 배들 위에는 모두 청룡기가 꽂혀 있었고, 중간 배에 꽂힌 깃발에는 '선봉 황개'라고 쓰여져 있었다. 조조는 기뻐서 크게 웃었다. 배는 점점 가까워졌다. 한 책사가 말했다. "이 배는 분명 가짜입니다. 군량을 실은 배는 모두 무겁고 평평합니다. 어찌 이 배들은 이렇게 가볍게 달립니까. 지금 동남풍이 몹시 부니 조심하셔야 합니다. 수군 진영에 가까이 오지 못하게 하십시오."

提防 _ 조심하다, 방비하다, 경계하다 ┃ 和暖 _ (날씨가) 따뜻하다 ┃ 了不起 _ 보통이 아니다, 뛰어나다 ┃ 密信 _ 밀서, 비밀편지 ┃ 约定 _ 약속하다 ┃ 标记 _ 기호, 표지, 표시 ┃ 隐隐约约 _ 희미하다, 어렴풋하다, 어슴프레하다 ┃ 驶 _ 젓다, 몰다 ┃ 沉 _ 가라앉다, 푹 꺼지다 ┃ 稳 _ 안정되다, 움직이지 않다 ┃ 轻飘 _ 가볍게 날리다

曹操一听，也吃了一惊，急忙派人去拦，哪里
Cáo Cāo yì tīng, yě chī le yì jīng, jímáng pài rén qù lán, nǎli

还拦得住？只见来船上黄盖大刀一挥，二十条船同
hái lán de zhù? Zhǐ jiàn lái chuánshang Huáng Gài dàdāo yì huī, èrshí tiáo chuán tóng

时起火。火乘风势，风助火威，那些船燃着漫天大火，
shí qǐhuǒ. Huǒ chéng fēngshì, fēng zhù huǒ wēi, nàxiē chuán rán zhe màntiān dàhuǒ,

箭一般地向曹军水寨冲来。曹军船只撞上火船
jiàn yìbān de xiàng Cáo jūn shuǐzhài chōnglái. Cáo jūn chuánzhī zhuàngshàng huǒchuán

也立即着起火来，船只又被铁链连着，无法散开，
yě lìjí zháoqǐ huǒ lái, chuánzhī yòu bèi tiěliàn lián zhe, wúfǎ sànkāi,

很快火势就蔓延开来。不一会儿工夫，曹军水寨便
hěn kuài huǒshì jiù wànyán kāilái. Bù yíhuìr gōngfu, Cáo jūn shuǐzhài biàn

全都烧着，一片火光，把天空照得如同白昼一般。
quán dōu shāozháo, yí piàn huǒguāng, bǎ tiānkōng zhào de rútóng báizhòu yìbān.

曹操一看大事不好，早上了一艘小船，带着几
Cáo Cāo yí kàn dàshì bù hǎo, zǎo shàng le yì sōu xiǎo chuán, dài zhe jǐ

十名残兵败将朝乌林逃去。这时，周瑜带领的大队
shí míng cán bīng bài jiàng cháo Wūlín táoqù. Zhèshí, Zhōu Yú dàilǐng de dàduì

船只也先后赶到，在火光中向曹军杀去。曹军本
chuánzhī yě xiānhòu gǎndào, zài huǒguāng zhōng xiàng Cáo jūn shāqù. Cáo jūn běn

来就不熟水性，如今水里、火里，淹死、烧死和被
lái jiù bù shú shuǐxìng, rújīn shuǐli、huǒli, yānsǐ、shāosǐ hé bèi

杀死的，不计其数。再说曹操从烟火中逃出，中途
shāsǐ de, bú jì qí shù. Zàishuō Cáo Cāo cóng yānhuǒ zhōng táochū, zhōngtú

又遇到曹军的大将文聘、徐晃等人，他们便一齐保
yòu yùdào Cáo jūn de dàjiàng Wén Pìn、Xú Huǎng děng rén, tāmen biàn yìqí bǎo

护着曹操，往北逃跑。
hù zhe Cáo Cāo, wǎng běi táopǎo.

　　조조는 듣고 놀라 급히 사람을 시켜 막 았지만, 어찌 막을 수 가 있었겠는가? 배 위 에서 황개가 큰 칼을 휘두르니, 배 스무 척

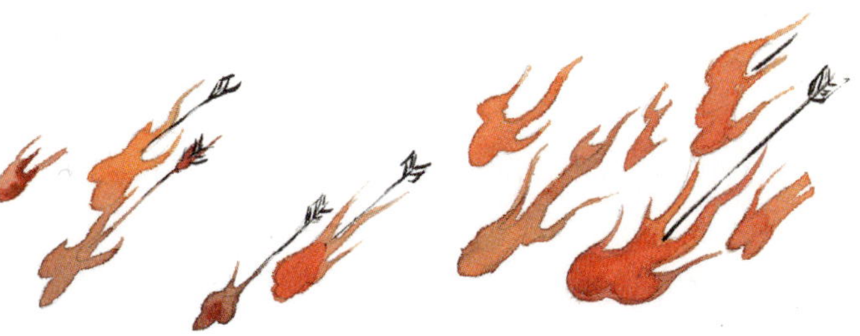

에 동시에 불이 붙었다. 불은 바람을 타고 바람은 불을 더욱 키워, 배는 하늘로 치솟는 불길을 가득 담고 쏜살같이 조조의 수군 진영으로 돌진해갔다. 조조의 군 선은 불붙은 배에 부딪치자마자 즉시 불이 붙기 시작했고, 배는 또 쇠사슬로 비끄 러매여 있어 분리시킬 수 없었고, 불의 기운이 아주 빨리 번지게 되었다. 얼마 지 나지 않아 조조 수군의 진영은 모두 화염에 휩싸였고, 사방에 퍼진 불꽃은 하늘을 대낮처럼 밝혔다.

　　조조는 보아하니 형세가 밀리자, 서둘러 조그만 배를 타고 패잔병과 장수 수십 명을 데리고, 오림으로 도망갔다. 이때, 주유가 지휘하는 대대의 배도 전후로 도 착해, 화염 속에서 조조군에게 돌진했다. 조조군은 원래 물에 익숙치 않아 물에 빠져 죽고 불에 타 죽고, 그리고 살해되어 죽은 병사가 부지기수였다. 한편 조조 는 화염 속에서 도망쳐 나오다가, 도중에 조조군의 대장인 문빙과 서황 등의 사람 을 만났다. 그들은 일제히 조조를 보호하면서 북쪽으로 도망쳤다.

燃 _ 불에 타다　┃　**漫天大火** _ 큰 불이 온 하늘에 가득 차다　┃　**冲来** _ 돌진하다, 충돌하다　┃　**撞** _ 부딪치다, 충돌하다　┃　**无法** _ ～할 수 없다, ～ 할 방법이 없다　┃　**蔓延** _ 만연하다, 널리 번지어 퍼지 다　┃　**白昼** _ 대낮, 백주　┃　**残兵败将** _ 패잔군, 패잔병　┃　**水性** _ 물의 성질, 물의 특성　┃　**淹死** _ 익사하다, 물에 빠져 죽다　┃　**再说** _ 게다가, 덧붙여 말할 것 같으면　┃　**烟火** _ 연기와 불

跑到一处，曹操见这里山势险要，树林茂密，
Pǎodào yí chù, Cáo Cāo jiàn zhèli shānshì xiǎnyào, shùlín màomì,

便仰天大笑起来。众人都不明白他为何这时还笑得
biàn yǎngtiān dàxiào qǐlái. Zhòngrén dōu bù míngbai tā wèihé zhèshí hái xiào de

出来。曹操就说："我不是笑别人，是笑周瑜、诸
chūlái. Cáo Cāo jiù shuō : "Wǒ bú shì xiào biérén, shì xiào Zhōu Yú、Zhū

葛亮还是不懂用兵，如果是我，一定先在这里埋伏
gé Liàng háishì bù dǒng yòngbīng, rúguǒ shì wǒ, yídìng xiān zài zhèli máifú

下一支队伍，那就厉害了。"
xià yì zhī duìwǔ, nà jiù lìhai le."

　　话音刚落，突然两边一阵鼓响，顿时火光冲
Huàyīn gāng luò, tūrán liǎngbiān yí zhèn gǔ xiǎng, dùnshí huǒguāng chōng

天，喊声中冲出一队人马，为首的正是赵云。曹
tiān, hǎnshēng zhōng chōngchū yí duì rénmǎ, wéishǒu de zhèngshì Zhào Yún. Cáo

操见了，吓得差点掉下马来，连忙叫徐晃等人迎
Cāo jiàn le, xià de chàdiǎn diàoxià mǎ lái, liánmáng jiào Xú Huǎng děng rén yíng

战，自己拍马就跑。赵云拼杀了一阵，俘虏了许多
zhàn, zìjǐ pāi mǎ jiù pǎo. Zhào Yún pīnshā le yí zhèn, fúlǔ le xǔduō

兵将，也没有再去追赶。
bīngjiàng, yě méiyǒu zài qù zhuīgǎn.

　　曹操逃着逃着，又遇到了不少曹军残存的部
Cáo Cāo táo zhe táo zhe, yòu yùdào le bùshǎo Cáo jūn cáncún de bù

队，心中渐渐转忧为喜。走到一个叫葫芦谷口的地
duì, xīnzhōng jiànjiàn zhuǎn yōu wéi xǐ. Zǒu dào yí ge jiào Húlugǔkǒu de dì

方，曹操传令休息一会儿。他坐在一棵大树底下，
fang, Cáo Cāo chuánlìng xiūxi yíhuìr. Tā zuò zài yì kē dàshù dǐxià,

前后看了看，又大笑起来。
qiánhòu kàn le kàn, yòu dàxiào qǐlái.

한 곳에 이
르러, 조조는 그곳
의 산세가 험준하고 수
풀이 우거져 있음을 보고,
하늘을 우러러보며 껄껄 웃기
시작했다. 사람들은 모두 그가 어떻
게 이런 때에 웃음이 나올 수 있는지 이해할
수 없었다. 조조가 말했다. "난 다른 사람을 비
웃는 게 아니라, 주유와 제갈량이 용병을 모르는
것을 비웃는 것이오. 만약에 나라면 말이오, 분명 여
기에 미리 군대를 매복시켜 놓았을 거야. 그러면 아주
끝내줄텐데 말야."

말이 막 떨어지기가 무섭게 갑자기 양쪽에서 북소리가 한 차례 울리더니, 금세 불빛이 하늘까지 치솟고, 함성 속에서 한 무리의 군사들이 달려나왔는데, 앞장을 선 사람은 조운이었다. 조조는 보고 놀라서 하마터면 말에서 떨어질 뻔했다. 급히 서황 등 사람을 시켜 맞서 싸우게 하고, 자기는 말을 달려 달아났다. 조운은 필사적으로 싸워 많은 병사와 장수를 포로로 잡았고, 더 이상 추격하지는 않았다.

조조는 계속 도망치다가 또다시 자기 군대의 패잔병들을 만나게 되었고, 걱정스런 마음은 점점 기쁜 마음으로 바뀌게 되었다. 호로곡구라는 곳에 이르러, 조조는 잠시 쉬도록 명령을 내렸다. 그는 큰 나무 아래에 앉아서 앞뒤를 살피더니, 또 껄껄 웃기 시작했다.

茂密 _ 초목이 빽빽하게 우거지다. 무성하다 ｜ 仰天 _ 하늘을 우러러보다 ｜ 话音 _ 말소리 ｜ 鼓响 _ 북소리가 울리다 ｜ 冲天 _ 하늘 높이 치솟다 ｜ 拍马 _ 말을 때리다 ｜ 拼杀 _ 결사적으로 싸우다 ｜ 俘虏 _ 포로로 하다 ｜ 转忧为喜 _ 걱정이 기쁨으로 바뀌다 ｜ 底下 _ 밑. 아래

众人问他又笑什么，曹操说："我笑周瑜和诸
Zhòngrén wèn tā yòu xiào shénme, Cáo Cāo shuō : "Wǒ xiào Zhōu Yú hé Zhū

葛亮还是缺少计谋，他们如果在这里埋伏一支人马，
gé Liàng háishì quēshǎo jìmóu, tāmen rúguǒ zài zhèli máifú yì zhī rénmǎ,

我们还能逃得了吗？"
wǒmen hái néng táo de liǎo ma?"

话音未落，突然前军后军一齐喊叫起来。曹操
Huàyīn wèi luò, tūrán qián jūn hòu jūn yìqí hǎnjiào qǐlái. Cáo Cāo

大惊，只见四面烟火密布，一队人马冲杀出来。为
dà jīng, zhǐ jiàn sìmiàn yānhuǒ mìbù, yí duì rénmǎ chōngshā chūlái. Wéi

首一员大将手持长矛，大叫道："燕人张翼德在此，
shǒu yì yuán dàjiàng shǒu chí chángmáo, dà jiào dào : "Yān rén Zhāng Yìdé zài cǐ,

曹贼哪里走！"曹兵见是张飞，个个吓得发抖。众
Cáo zéi nǎli zǒu!" Cáo bīng jiàn shì Zhāng Fēi, gègè xià de fādǒu. Zhòng

将迎战之时，曹操乘机又逃走了。张飞也没带人追
jiàng yíngzhàn zhī shí, Cáo Cāo chéngjī yòu táozǒu le. Zhāng Fēi yě méi dài rén zhuī

赶。
gǎn.

曹操一行逃到华容道上，这是一条崎岖泥泞的
Cáo Cāo yìxíng táodào Huáróngdàoshang, zhè shì yì tiáo qíqū nínìng de

小路，狭窄难走。曹军零零落落，又冷又饿，狼狈
xiǎolù, xiázhǎi nán zǒu. Cáo jūn línglíngluòluò, yòu lěng yòu è, láng bèi

不堪。走了几里，曹操在马上又大笑起来。
bù kān. Zǒu le jǐ lǐ, Cáo Cāo zài mǎshàng yòu dàxiào qǐlái.

사람들이 그에게 또 왜 웃는지 물었다. 조조가 말했다. "난 역시 주유와 제갈량이 계책이 부족하다는 걸 비웃는 것이오. 그들이 만약 여기에 군대를 매복시켰으면, 우리가 도망칠 수가 있겠소?"

말이 미처 끝나기도 전에, 갑자기 앞뒤에 있던 군사들이 일제히 고함을 치기 시작했다. 조조는 크게 놀랐다. 사방이 연기와 불로 빽빽이 찼고, 한 무리의 군사들이 달려나왔다. 앞장을 선 대장은 손에 긴 창을 들고, 크게 소리쳤다. "연 땅 사람 장익덕이 여기 있다. 역적 조조는 어디로 도망가냐!" 조조의 병사들은 장비를 보고 놀라서 바들바들 떨었다. 여러 장수들이 맞이하여 싸울 때, 조조는 기회를 타 또 도망쳤다. 장비 또한 더 이상 추격하지 않았다.

조조 일행이 화용도로 도망쳐 왔다. 이곳은 험하고 질퍽거리는 오솔길로, 좁아서 가기가 힘들었다. 조조군은 행색은 초라하고 춥고 배고파 어찌 할 바를 몰랐다. 몇 리를 가다가, 조조가 말 위에서 또 껄껄 웃기 시작했다.

计谋 _ 책략, 계략 ┃ 喊叫 _ 큰 소리로 외치다. 고함치다 ┃ 密布 _ (구름 같은 것이) 짙게 덮이다 ┃
发抖 _ 벌벌 떨다 ┃ 乘机 _ 기회를 틈타다 ┃ 崎岖 _ 울퉁불퉁하다. 험하다. 평탄치 않다 ┃ 泥泞 _
진창 질퍽거리다 ┃ 狭窄 _ 비좁다 ┃ 零零落落 _ 쇠퇴하다. 영락하다

众将问："丞相又笑什么？"曹操说："我笑
Zhòng jiàng wèn : "Chéngxiàng yòu xiào shénme?" Cáo Cāo shuō : "Wǒ xiào

周瑜、诸葛亮到底还是无能。如果这里埋伏下一支
Zhōu Yú、Zhūgé Liàng dàodǐ háishì wúnéng. Rúguǒ zhèli máifú xià yì zhī

人马，我们就只能被活捉了。"话还没说完，突然一
rénmǎ, wǒmen jiù zhǐ néng bèi huózhuō le." Huà hái méi shuō wán, tūrán yì

声炮响，五百名兵士迎面摆开。中间冲出一匹赤兔
shēng pào xiǎng, wǔbǎi míng bīngshì yíngmiàn bǎikāi. Zhōngjiān chōngchū yì pǐ Chìtù

马，马上一员大将，手提青龙刀，挡住曹军的去路。
mǎ, mǎshang yì yuán dàjiàng, shǒu tí Qīnglóngdāo, dǎngzhù Cáo jūn de qùlù.

曹操和众将见是关羽，个个吓得失魂落魄。曹
Cáo Cāo hé zhòng jiàng jiàn shì Guān Yǔ, gègè xià de shī hún luò pò. Cáo

操愣了一会儿说："既然已经到了这个地步，也只
Cāo lèng le yíhuìr shuō : "Jìrán yǐjing dào le zhège dìbù, yě zhǐ

好和他决一死战了！"但手下将士却早已人困马乏，
hǎo hé tā jué yì sǐ zhàn le!" Dàn shǒuxià jiàngshì què zǎoyǐ rén kùn mǎ fá,

不能再打了。
bù néng zài dǎ le.

这时，谋士程昱对曹操说："关羽是个讲义气
Zhèshí, móushì Chéng Yù duì Cáo Cāo shuō : "Guān Yǔ shì ge jiǎng yìqì

的人，当初丞相待他不错，现在亲自去求求他，也
de rén, dāngchū chéngxiàng dài tā búcuò, xiànzài qīnzì qù qiúqiu tā, yě

许会放过我们的。"
xǔ huì fàngguò wǒmen de."

여러 장수들이 물었다. "승상께서는 또 뭐 때문에 웃으십니까?" 조조가 말했다. "난 주유와 제갈량은 아무래도 무능하다고 비웃는 것이지. 만약 여기에 군대를 매복시키면, 우리들은 잡힐 수밖에 없는데 말야." 말이 미처 끝나기도 전에, 갑자기 포 소리가 한방 나고는 병사 5백 명이 맞은편에 벌리고 서 있었다. 중간에서 적토마가 달려나왔는데, 말 위에는 한 대장이 청룡도를 손에 쥐고, 조조군의 진로를 막아섰다.

조조와 여러 장수들이 보니 관우인지라, 모두가 놀라 혼비백산하였다. 조조가 잠시 멍해 있다가 말했다. "기왕 이 지경이 되었으니, 그와 결사적으로 싸워 볼 수밖에 없다!" 그러나 수하의 장수와 병사들은 이미 기진맥진하여, 더 이상 싸울 수가 없었다.

이때, 책사 정욱이 조조에게 말했다. "관우는 의리를 중시하는 사람입니다. 지난날 승상께서 그에게 잘 대해 주셨으니, 지금 친히 그에게 사정하시면, 아마 우리들을 놓아줄 지도 모릅니다."

到底 _ 역시, 아무래도　｜　**炮响** _ (대)포소리　｜　**挡住** _ 저지하다, 막다　｜　**去路** _ 진로, 가는 길　｜
失魂落魄 _ 넋을 잃다, 혼비백산하다　｜　**愣** _ 멍해지다, 멍청해지다　｜　**地步** _ 형편, 지경, 상태, 처지　｜
人困马乏 _ 사람과 말이 다 지치다, 기진맥진하다

曹操只好硬着头皮，上前对关羽说："我今天
Cáo Cāo zhǐhǎo yìng zhe tóupí, shàngqián duì Guān Yǔ shuō : "Wǒ jīntiān

兵败至此，希望将军能看在过去的情分上，放一条
bīng bài zhì cǐ, xīwàng jiāngjūn néng kàn zài guòqù de qíngfènshang, fàng yì tiáo

生路！"
shēnglù!"

关羽想起当年曹操的许多恩义，也不由得动了
Guān Yǔ xiǎngqǐ dāngnián Cáo Cāo de xǔduō ēnyì, yě bùyóude dòng le

感情，又看到曹兵个个衣甲不全的可怜样子，心中
gǎnqíng, yòu kàndào Cáo bīng gègè yī jiǎ bù quán de kělián yàngzi, xīnzhōng

越发不忍。于是就把马头勒回，喝了一声："军士们，
yuèfā bù rěn. Yúshì jiù bǎ mǎtóu lèhuí, hè le yì shēng : "Jūnshìmen,

散开！"
sànkāi!"

曹操见了，明白这是放自己一条生路，回头用
Cáo Cāo jiàn le, míngbai zhè shì fàng zìjǐ yì tiáo shēnglù, huítóu yòng

手一招，和众将一起冲了过去。等走出华容道，曹
shǒu yì zhāo, hé zhòng jiàng yìqǐ chōng le guòqù. Děng zǒuchū Huáróngdào, Cáo

操看看后边的将士，只
Cāo kànkan hòubiān de jiàngshì, zhǐ

有二十七个人了。直到
yǒu èrshíqī ge rén le. Zhídào

天黑时遇到前来接应的
tiān hēi shí yùdào qiánlái jiēyìng de

兵马，这才算真正脱险。
bīngmǎ, zhè cái suàn zhēnzhèng tuōxiǎn.

조조는 하는 수 없이 염치불구하고 앞으로 가서 관우에게 말했다. "나는 오늘 싸움에 패하고 여기에 왔소. 장군께서 지난날의 정을 봐서 살 길을 주시기 바라오."

관우는 지난날 조조에게서 많은 은혜를 입었던 것을 떠올리고, 자신도 모르게 마음이 동했다. 그리고 조조 병사들이 모두 갑옷도 제대로 차려 입지 못한 가련한 모습을 보자, 점점 측은한 마음이 생기게 되었다. 그래서 말머리를 돌려서는, 소리쳤다. "병사들이여, 흩어져라!"

조조는 이것이 자신을 살려주는 거란 걸 알고, 고개를 돌려 손짓하고는 여러 장수들과 함께 달려서 지나갔다. 화용도를 빠져나올 때, 조조가 뒤에 있는 장수와 병사들을 보니, 겨우 스물 일곱 명 뿐이었다. 날이 저물 무렵 맞이하러 나온 병마를 만나, 그제서야 진정으로 위험에서 벗어나게 되었다.

硬着头皮 _ 염치불구하고, 체면가리지 않고, 눈 딱 감고 ｜ **情分** _ 정분, 정리, 인정 ｜ **生路** _ 살길, 살아나갈 방도 ｜ **恩义** _ 은혜와 도리 ｜ **越发** _ 더욱, 한층 ｜ **不忍** _ 차마 ~하지 못하다 ｜ **勒回** _ 고삐를 잡아 멈추게하다 ｜ **散开** _ 분산하다, 해산하다 ｜ **接应** _ 맞이하다 ｜ **脱险** _ 위험에서 벗어나다

1 본문을 읽고 다음 물음에 답하시오.

(1) 老将黄盖为何来找周瑜？

    A. 因为他为东吴肯施苦肉计。

    B. 因为周瑜要问他攻打曹军的方法。

    C. 因为周瑜要和他一起去诈降。

(2) 曹操怎么相信黄盖要投降的话？

    A. 他看了黄盖的书信，立刻就相信。

    B. 他听了黄盖的谋士的话，立刻就相信。

    C. 他一面听了黄盖的谋士的话，一面听了密探的话，才相信。

(3) 周瑜为何大叫一声，口吐鲜血，倒在地上？

    A. 因为他面前的军旗拂过他的脸。

    B. 因为他以前得了心脏病，那时又发病了。

    C. 因为他认为万事具备，只缺少东南风。

2 녹음을 듣고 빈칸에 들어갈 말을 써 넣으시오.

(1) 周瑜听了非常（　　　），便命军士将这个动摇军心的老将拉出去（　　　）。

(2) 这天，曹操（　　　）水寨，看到很多船都用铁链锁在一起，上面铺着（　　　）。

(3) 直到天黑时遇到前来（　　　）的兵马，这才算真正（　　　）。

3 다음 문장을 자연스러운 우리말로 옮기시오.

(1) 周瑜看时，只见上面写着：“欲破曹公，宜用火攻，万事具备，只欠东风。”

➡

(2) 火乘风势，风助火威，那些船燃着漫天大火，箭一般地向曹军水寨冲来。

➡

4 다음 문장을 자연스러운 중국어로 옮기시오.

(1) ‘공명이 이렇듯 큰 재주가 있다니, 실로 두렵구나. 그를 죽여야만 겨우 안심할 수 있겠다.’

➡

(2) 얼마 지나지 않아 조조 수군의 진영은 모두 화염에 휩싸였고, 사방에 퍼진 불꽃은 하늘을 대낮처럼 밝혔다.

➡

10

三气周瑜

周瑜在赤壁火烧曹营，打了大胜仗，正在高兴
Zhōu Yú zài Chìbì huǒshāo Cáo yíng, dǎ le dà shèngzhàng, zhèngzài gāoxìng

的时候，听说刘备带着兵马驻扎到了油江口。他大
de shíhou, tīngshuō Liú Bèi dài zhe bīngmǎ zhùzhā dào le Yóujiāngkǒu. Tā dà

吃一惊，对鲁肃说："刘备屯兵油江口，看来是要
chī yì jīng, duì Lǔ Sù shuō : "Liú Bèi túnbīng Yóujiāngkǒu, kànlái shì yào

夺取南郡。我们在赤壁大败曹军，眼看就要取下南
duóqǔ Nánjùn. Wǒmen zài Chìbì dàbài Cáo jūn, yǎnkàn jiùyào qǔxià Nán

郡，怎么能让他们捡了便宜？我要当面去问问他
jùn, zěnme néng ràng tāmen jiǎn le piányi? Wǒ yào dāngmiàn qù wènwen tā

们。"周瑜和鲁肃来到油江口，刘备和孔明早在那
men." Zhōu Yú hé Lǔ Sù láidào Yóujiāngkǒu, Liú Bèi hé Kǒngmíng zǎo zài nà

里等候了。
li děnghòu le.

周瑜问："你们进驻油江，是否要取南郡？"
Zhōu Yú wèn : "Nǐmen jìnzhù Yóujiāng, shìfǒu yào qǔ Nánjùn?"

刘备答道："听说都督要攻取南郡，我特来相
Liú Bèi dádào : "Tīngshuō dūdu yào gōngqǔ Nánjùn, wǒ tè lái xiāng

助。如果都督不取，我再去取。"
zhù. Rúguǒ dūdu bù qǔ, wǒ zài qù qǔ."

세 번 주유를 기절시키다

주유가 적벽에서 조조의 진영을 불태우고, 대승리를 거둔 후 막 기뻐하고 있을 때, 유비가 병마를 이끌고 유강의 어귀에 주둔하고 있다는 말을 들었다. 그는 크게 놀라 노숙에게 말했다. "유비가 유강의 어귀에 주둔하고 있는 걸 보니, 남군을 탈취하려고 하나 봅니다. 우리들이 적벽에서 조조의 군대를 대패시키고, 곧 남군을 취하려고 하는데, 어떻게 그들이 쉽게 취하게 할 수 있단 말입니까? 제가 직접 만나서 그들에게 한번 물어봐야겠습니다." 주유와 노숙이 함께 유강의 어귀에 갔고, 유비와 공명은 그곳에서 일찍부터 기다리고 있었다.

주유가 물었다. "당신들이 유강에 주둔하는 것은, 남군을 취하려고 하는 것입니까?"

유비가 대답하였다. "듣자하니 도독께서 남군을 공격하여 취한다고 하기에, 제가 각별히 도우러 왔습니다. 만약 도독이 취하시지 않는다면, 제가 대신 가서 취하겠습니다."

看来 _ 보기에, 보아하니　｜　**捡便宜** _ 쉽게 취하다, 쉽게 얻다　｜　**特来** _ 일부러 오다, 특별히 오다

周瑜笑着说："南郡已经在我的手掌中了，为
Zhōu Yú xiào zhe shuō : "Nánjùn yǐjing zài wǒ de shǒuzhǎng zhōng le, wèi

什么不取呢？"
shénme bù qǔ ne?"

刘备说："我看胜败还很难预料。曹操留下曹
Liú Bèi shuō : "Wǒ kàn shèngbài hái hěn nán yùliào. Cáo Cāo liúxià Cáo

仁镇守南郡，曹仁也不是好对付的，恐怕都督一时
Rén zhènshǒu Nánjùn, Cáo Rén yě bú shì hǎo duìfu de, kǒngpà dūdu yìshí

拿不下来呢！"
ná bu xiàlái ne!"

周瑜说："我若拿不下南郡，任凭将军去取。"
Zhōu Yú shuō : "Wǒ ruò ná bu xià Nánjùn, rènpíng jiāngjūn qù qǔ."

说完看了孔明一眼，孔明只是不开口。
Shuō wán kàn le Kǒngmíng yì yǎn, Kǒngmíng zhǐshì bù kāikǒu.

刘备说："今天大家都在这里做个见证，都督
Liú Bèi shuō : "Jīntiān dàjiā dōu zài zhèli zuò ge jiànzhèng, dūdu

既然这样说，将来可不要后悔。"
jìrán zhèyàng shuō, jiānglái kě bú yào hòuhuǐ."

周瑜道："大丈夫一言既出，决不反悔！"
Zhōu Yú dào : "Dàzhàngfu yì yán jì chū, jué bù fǎnhuǐ!"

这时，孔明才笑着说："都督这话说得公平，
Zhèshí, Kǒngmíng cái xiào zhe shuō : "Dūdu zhè huà shuō de gōngpíng,

原本也该让东吴先取，如果东吴攻不下来，才该我
yuánběn yě gāi ràng Dōngwú xiān qǔ, rúguǒ Dōngwú gōng bu xiàlái, cái gāi wǒ

们去取，这很公道。"
men qù qǔ, zhè hěn gōngdao."

주유가 웃으며 말했다. "남군은 이미 내 수중에 있습니다. 왜 취하지 않겠습니까?"

유비가 말했다. "승패는 아직 예상하기 어렵다 생각됩니다. 조조는 조인을 남겨 남군을 지키게 했는데, 조인은 쉽게 대적할 수 있는 사람이 아닙니다. 아마도 도독께서는 한번에 취하기가 녹록치 않을 겁니다!"

주유가 말했다. "제가 만약 남군을 취하지 못하면, 장군께서 마음대로 취하십시오." 말을 다 하고 공명을 슬쩍 봤지만, 공명은 아무 말도 하지 않았다.

유비가 말했다. "오늘 모두들 여기에서 증인이 되어 주십시오. 도독께서 기왕에 이렇게 말씀하셨으니, 뒷날에 부디 후회하지 마십시오."

주유가 말했다. "사내대장부가 말을 한번 뱉으면, 결코 번복하지 않는 법입니다!"

이때서야 공명이 웃으며 말했다. "도독의 말씀은 공평하십니다. 본래 동오가 먼저 취하는 게 마땅하죠. 만약 동오가 공격하여 이기지 못하면, 그제서야 우리들이 취하는 것이 바로 공정한 것이지요."

手掌 _ 손바닥 | **预料** _ 예측하다, 전망하다 | **镇守** _ 군대를 주둔시켜 요처를 지키다 | **任凭** _ 마음대로 하게 하다, 자유에 맡기다 | **见证** _ 증인, 현장증인 | **反悔** _ 마음이 변하다, 이전에 승낙한 일을 마음이 변하여 번복하다 | **原本** _ 원래, 본래 | **公道** _ 공평하다, 공정하다

送走了周瑜和鲁肃，刘备对孔明说："刚才我
Sòngzǒu le Zhōu Yú hé Lǔ Sù, Liú Bèi duì Kǒngmíng shuō : "Gāngcái wǒ

照军师教我的说了，可是一想又不太好。我们现在
zhào jūnshī jiāo wǒ de shuō le, kěshì yì xiǎng yòu bú tài hǎo. Wǒmen xiànzài

还没有落脚的地方，如果这次把南郡让给周瑜，我
hái méiyǒu luòjiǎo de dìfang, rúguǒ zhècì bǎ Nánjùn rànggěi Zhōu Yú, wǒ

们可怎么办呢？"
men kě zěnmebàn ne?"

孔明大笑道："主公不用担心，让周瑜去拼杀
Kǒngmíng dàxiào dào : "Zhǔgōng búyòng dānxīn, ràng Zhōu Yú qù pīnshā

吧！早晚我们会高坐在南郡城中的。"说完，又贴
ba! Zǎowǎn wǒmen huì gāo zuò zài Nánjùn chéng zhōng de." Shuō wán, yòu tiē

着刘备的耳朵，悄悄地说了一番话，刘备听后也就
zhe Liú Bèi de ěrduo, qiāoqiāo de shuō le yì fān huà, Liú Bèi tīng hòu yě jiù

放下心来。
fàngxià xīn lái.

周瑜回去后，立即兵发南郡。驻守在南郡城中
Zhōu Yú huíqù hòu, lìjí bīng fā Nánjùn. Zhùshǒu zài Nánjùn chéng zhōng

的曹仁看到形势十分危急，不知如何迎敌才好。曹
de Cáo Rén kàndào xíngshì shífēn wēijí, bù zhī rúhé yíngdí cái hǎo. Cáo

洪说："丞相临走时曾留下计策，不如我们看看是
Hóng shuō : "Chéngxiàng línzǒu shí céng liúxià jìcè, bùrú wǒmen kànkan shì

什么好办法！"两人把曹操封好的信帖取出，拆开
shénme hǎo bànfǎ!" Liǎng rén bǎ Cáo Cāo fēng hǎo de xìntiě qǔchū, chāikāi

一看，不由得满心欢喜。曹仁连夜传令，按照曹操
yí kàn, bùyóude mǎnxīn huānxǐ. Cáo Rén liányè chuánlìng, ànzhào Cáo Cāo

的计划进行准备。
de jìhuà jìnxíng zhǔnbèi.

주유와 노숙을 보내고 나서, 유비가 공명에게 말했다. "금방 제가 군사께서 가르쳐준 대로 말하긴 했으나, 곰곰이 생각해 보니 그리 좋지 못합니다. 우리들은 지금 잠시 발붙일 곳도 아직 없는데, 만약 이번에 남군을 주유에게 양보해 버리면, 우리들은 정말 어떡합니까?"

공명이 크게 웃으며 말했다. "주공께서는 걱정 마십시오. 주유에게 필사적으로 싸우라 하십시오! 조만간 우리들은 남군성에 높이 올라 앉을 것입니다." 말을 마치고, 다시 유비의 귀에 가까이 대고 귓속말을 하였다. 유비는 듣고 나서 안심이 되었다.

주유는 돌아간 후, 즉시 병사를 남군으로 보냈다. 남군성에 주둔하고 있던 조인은 형세가 대단히 위급한 것을 보고, 어떻게 적을 맞이하여 싸워야할지 몰랐다. 조홍이 말했다. "승상이 가실 때 계책을 남겨두었습니다. 무슨 좋은 방법이 있는지 한번 봅시다." 두 사람은 조조가 봉인한 편지를 꺼내어 뜯어보고 나서, 자신들도 모르게 마음이 온통 기쁨으로 가득 찼다. 조인은 밤새도록 명령을 전해, 조조의 계획대로 준비하였다.

落脚 _ 잠시 머무르다 **|** 让给 _ ~에게 양도하다, ~에게 넘겨주다 **|** 早晩 _ 조만간 **|** 贴 _ 바짝 붙다 **|** 驻守 _ 주둔하여 지키다 **|** 封 _ 봉하다, 막다, 밀폐하다 **|** 信帖 _ 편지, 서신 **|** 拆开 _ 찢어서 열다 [뜯다]

第二天早晨，曹兵兵分三路涌出南郡城来。周
Dì èr tiān zǎochén, Cáo bīng bīng fēn sān lù yǒngchū Nánjùn chéng lái. Zhōu

瑜登高观看，见城墙上只插些零散旗帜，也无人看
Yú dēng gāo guānkàn, jiàn chéngqiángshang zhǐ chā xiē língsǎn qízhì, yě wúrén kàn

守；又看到从城里出来的士兵腰间都系着包裹，心
shǒu ; Yòu kàndào cóng chéngli chūlái de shìbīng yāojiān dōu jì zhe bāoguǒ, xīn

想这些曹军一定是要弃城逃跑。于是立刻指挥大军
xiǎng zhèxiē Cáo jūn yídìng shì yào qì chéng táopǎo. Yúshì lìkè zhǐhuī dàjūn

前去迎战曹军。
qiánqù yíngzhàn Cáo jūn.

　　曹洪虽然也出马来迎敌，但和周瑜手下的大将
Cáo Hóng suīrán yě chūmǎ lái yíngdí, dàn hé Zhōu Yú shǒuxià de dàjiàng

打不了几个回合便败下阵来，带着士兵只管逃窜。
dǎ bu liǎo jǐ ge huíhé biàn bàixià zhèn lái, dài zhe shìbīng zhǐguǎn táocuàn.

周瑜指挥人马追杀，那些逃跑的士兵也顾不得进城，
Zhōu Yú zhǐhuī rénmǎ zhuīshā, nàxiē táopǎo de shìbīng yě gùbudé jìnchéng,

只朝西北方慌忙跑去。
zhǐ cháo xīběifāng huāngmáng pǎoqù.

　　周瑜得意洋洋，没想到竟这么轻易地攻下南
Zhōu Yú déyìyángyáng, méixiǎngdào jìng zhème qīngyì de gōngxià Nán

郡城，便带领人马进城来。突然一声梆子响，从城
jùn chéng, biàn dàilǐng rénmǎ jìnchéng lái. Tūrán yì shēng bāngzi xiǎng, cóng chéng

墙两边射下许多箭来，雨点一般。那些抢先进城的
qiáng liǎngbiān shèxià xǔduō jiàn lái, yǔdiǎn yìbān. Nàxiē qiǎngxiān jìnchéng de

掉进了陷阱之中。
diàojìn le xiànjǐng zhī zhōng.

이튿날 아침, 조조의 병사들은 세 갈래로 나뉘어 남군성 밖으로 쏟아져 나왔다. 주유가 높이 올라 바라보니, 성벽에는 깃발만 여기저기 흩어진 채로 꽂혀 있고, 아무도 지키는 사람이 없었다. 또한 성안에서 나온 병사들은 허리춤에 모두 보따리를 차고 있어, 분명 조조군이 성을 버리고 도망가는 것이라고 생각했다. 그래서 즉시 대군을 지휘해서 앞으로 나아가 조조의 군대와 맞서 싸웠다.

조홍은 비록 말을 타고 적을 맞아 싸웠지만, 주유 수하의 대장과 몇 차례 싸우다가 이기지 못하고 패하여, 병사를 데리고 도망을 쳤다. 주유는 병사들에게 쫓아가서 싸우게 하였는데, 도망가는 병사들은 성으로 들어갈 겨를이 없어, 그저 서북쪽을 향해 급히 달려갔다.

주유는 득의양양하였다. 이렇게도 쉽사리 남군성을 공략할 줄은 생각지도 못하였다. 그는 인마를 거느리고 성으로 들어가려고 하였다. 갑자기 딱따기 소리가 나더니, 성벽 양쪽에서 화살이 빗발처럼 쏟아졌다. 앞다투어 성에 들어간 사람들은 함정에 빠졌다.

涌出 _ 쏟아져 나오다 ┃ 零散 _ 분산되어 있다, 흩어져 있다 ┃ 看守 _ 파수보다, 지키다 ┃ 包裹 _ 보따리 ┃ 逃窜 _ 도망하다, 도주하다 ┃ 顾不得 _ 미처 ~하지 못하다 ┃ 梆子 _ 딱따기 [길이가 서로 다른 두개의 대추나무토막으로 만든 타악기의 일종] ┃ 抢先 _ 앞을 다투다 ┃ 陷阱 _ 함정

后面的骑兵则纷纷中箭落马，周瑜急忙拨转马
Hòumian de qíbīng zé fēnfēn zhòng jiàn luò mǎ, Zhōu Yú jímáng bōzhuǎn mǎ

头要往回跑，身上却中了一箭，多亏手下两名将
tóu yào wǎng huí pǎo, shēnshang què zhòng le yí jiàn, duōkuī shǒuxià liǎng míng jiāng

军护持，才拼命逃了回来。
jūn hùchí, cái pīnmìng táo le huílái.

周瑜吃了败仗，才知道曹洪的厉害。虽然心有
Zhōu Yú chī le bàizhàng, cái zhīdào Cáo Hóng de lìhai. Suīrán xīn yǒu

不甘，无奈身受箭伤，只能在床上静养。那曹军则
bùgān, wúnài shēnshòu jiànshāng, zhǐ néng zài chuángshang jìngyǎng. Nà Cáo jūn zé

天天到营前来叫骂，周瑜也只好装做听不见。
tiāntiān dào yíng qián lái jiàomà, Zhōu Yú yě zhǐhǎo zhuāngzuò tīng bu jiàn.

一天，周瑜带了几百骑兵来营前巡视，曹军又
Yì tiān, Zhōu Yú dài le jǐbǎi qíbīng lái yíng qián xúnshì, Cáo jūn yòu

来骂阵。曹洪见周瑜出来了，忙命手下高声叫骂
lái mà zhèn. Cáo Hóng jiàn Zhōu Yú chūlái le, máng mìng shǒuxià gāoshēng jiàomà

道："周瑜小子，还敢出来厮杀吗？"周瑜气恼得不
dào : "Zhōu Yú xiǎozi, hái gǎn chūlái sīshā ma?" Zhōu Yú qìnǎo de bù

行，便要叫手下出去迎战。两军还未开战，周瑜突
xíng, biàn yào jiào shǒuxià chūqù yíngzhàn. Liǎng jūn hái wèi kāizhàn, Zhōu Yú tū

然大叫一声，口吐鲜血，摔落马下。曹军见了，便
rán dà jiào yì shēng, kǒu tù xiānxuè, shuāiluò mǎ xià. Cáo jūn jiàn le, biàn

冲杀过来，混战了一场，东吴军连忙撤退，曹军倒
chōngshā guòlái, hùnzhàn le yì chǎng, Dōngwú jūn liánmáng chètuì, Cáo jūn dào

也没有追赶。
yě méiyǒu zhuīgǎn.

  뒤에 있던 기병들은 하나둘 활에 맞아 말에서 떨어졌다. 주유는 급히 말머리를 돌려 돌아가려다가, 몸에 화살을 한 대 맞았다. 다행히 수하의 장군 두 명이 보호하여, 겨우 필사적으로 도망쳐 돌아올 수 있었다.

  주유는 패배하고 나서야 조홍의 대단함을 알게 되었다. 비록 마음은 원하지 않았지만, 유감스럽게도 화살 맞은 몸의 상처 때문에, 할 수 없이 침상에서 요양을 하였다. 조조 군사가 날마다 진영 앞으로 와서 욕설을 퍼붓었지만, 주유는 어쩔 수 없이 못들은 체하였다.

  하루는 주유가 기병 수백을 거느리고 진영 앞에서 순시를 하고 있는데, 조조 군사들이 또 와서 진영을 향해 욕설을 퍼붓었다. 조홍은 주유가 나온 것을 보고, 급히 수하에게 명령하여 큰 소리로 욕하게 하였다. "주유 이 노마야. 감히 나와서 싸우려고?" 주유는 참을 수 없을 만큼 화가 나, 수하에게 나가서 맞서 싸우라고 하였다. 양 군대가 아직 싸우지도 않았는데, 주유가 돌연 크게 외마디 소리를 지르더니, 입에서 시뻘건 피를 토하고 말 아래로 굴러 떨어졌다. 조조군이 보고 바로 돌격해 와, 한바탕 혼전이 벌어졌다. 동오의 군대는 급히 철수하였다. 하지만 조조군은 쫓아가지 않았다.

中箭 _ 화살에 맞다 | **拔转** _ 돌리다 | **多亏** _ 덕분에, 다행히 | **护持** _ 보호하고 유지하다 |
无奈 _ 그렇지만, 유감스럽게도, 공교롭게도 | **静养** _ 정양하다 | **叫骂** _ 큰 소리로 욕하다 | **装做** _ ～한 체하다 | **骂阵** _ 진 중의 모든 사람을 욕하다

周瑜被抬进大帐，大家都十分担心。周瑜却
Zhōu Yú bèi táijìn dàzhàng, dàjiā dōu shífēn dānxīn. Zhōu Yú què

说：“这是我用的计策，让曹军知道我病得不行了。
shuō : "Zhè shì wǒ yòng de jìcè, ràng Cáo jūn zhīdào wǒ bìng de bùxíng le.

你们快去派可靠的人去曹洪那里假装投降，就说我
Nǐmen kuài qù pài kěkào de rén qù Cáo Hóng nàli jiǎzhuāng tóuxiáng, jiù shuō wǒ

死了。这样曹洪就会来劫营，我们也好用伏兵抓住
sǐ le. Zhèyàng Cáo Hóng jiù huì lái jié yíng, wǒmen yě hǎo yòng fúbīng zhuāzhù

他。”
tā."

大家都连称好计策，便个个嚎啕大哭地走出
Dàjiā dōu lián chēng hǎo jìcè, biàn gègè háo táo dà kū de zǒuchū

帐外，传告全军，只说周瑜因箭伤复发而死，全军
zhàng wài, chuángào quánjūn, zhǐ shuō Zhōu Yú yīn jiànshāng fùfā ér sǐ, quánjūn

都要挂孝。
dōu yào guà xiào.

曹洪听说周瑜已死，便决定当晚去东吴军中
Cáo Hóng tīngshuō Zhōu Yú yǐ sǐ, biàn juédìng dàngwǎn qù Dōngwú jūn zhōng

劫寨，只留了很少的人守城。
jié zhài, zhǐ liú le hěn shǎo de rén shǒuchéng.

주유는 장막으로 옮겨졌고, 모두들 심히 걱정하였다. 주유는 말했다. "이것은 내가 꾸민 계책이오. 조조군이 내 병이 가망이 없다고 알게 하고자 한 것이오. 여러분들은 빨리 믿을 만한 사람을 조홍에게로 보내 거짓 항복하게 하고, 내가 죽었다고 말하게 하시오. 이렇게 하면 조홍이 진영을 습격할 터이니, 우리들은 복병을 두어 그를 잡을 수 있을 거요."

모두들 좋은 계책이라고 거듭 말하고 나서, 큰소리로 울부짖으며 막사 밖으로 나가 전군에게 알렸다. 주유가 화살에 맞은 상처가 재발하여 죽었으니, 전군 모두 상복을 입으라고 하였다.

조홍은 주유가 이미 죽었다는 말을 듣고, 그날 밤 동오군 진영을 습격할 것을 결정하고, 적은 인원만 남겨 성을 지키게 하였다.

可靠 _ 믿을 만하다 ┃ **劫营** _ 적진을 습격하다 ┃ **抓住** _ 체포하다. 붙잡다 ┃ **嚎啕大哭** _ 큰소리로 울부짖다 ┃ **复发** _ 재발하다 ┃ **挂孝** _ 상복을 입다 (= 穿孝)

夜幕刚刚落下，曹军就摸到了周瑜的大寨外，
Yèmù gānggāng luòxià, Cáo jūn jiù mōdào le Zhōu Yú de dàzhài wài,

冲进去一看，寨内却没有一个人。曹洪知道中了计，
chōng jìnqù yí kàn, zhài nèi què méiyǒu yí ge rén. Cáo Hóng zhīdào zhòng le jì,

急忙退军，可是已经晚了。只听见四面炮声齐响，
jímáng tuì jūn, kěshì yǐjing wǎn le. Zhǐ tīngjiàn sìmiàn pàoshēng qí xiǎng,

喊声连天，东吴的兵马从四面八方杀来。不一会儿，
hǎnshēng liántiān, Dōngwú de bīngmǎ cóng sìmiànbāfāng shālái. Bù yíhuìr,

曹军就被冲乱了，曹仁此时也不敢回南郡城了，拼
Cáo jūn jiù bèi chōng luàn le, Cáo Rén cǐshí yě bù gǎn huí Nánjùn chéng le, pīn

了命地冲杀了一阵，才逃出重围，只向襄阳奔去。
le mìng de chōngshā le yí zhèn, cái táochū chóngwéi, zhǐ xiàng Xiāngyáng bēnqù.

打散了曹军，周瑜十分得意，天一亮，就率领
Dǎsàn le Cáo jūn, Zhōu Yú shífēn déyì, tiān yí liàng, jiù shuàilǐng

大军来到南郡城下。只见城头上插满了旗帜，城门
dàjūn láidào Nánjùn chéng xià. Zhǐ jiàn chéngtóushang chā mǎn le qízhì, chéngmén

紧紧关闭。周瑜正在纳闷，突然城楼上出现一员大
jǐnjǐn guānbì. Zhōu Yú zhèngzài nàmèn, tūrán chénglóushang chūxiàn yì yuán dà

将，威风凛凛，大笑着冲城下喊道：“都督不要奇怪，
jiàng, wēifēnglǐnlǐn, dàxiào zhe chòng chéngxià hǎndào : "Dūdu bú yào qíguài,

赵云奉军师之命，已经取城了。”原来孔明趁着周
Zhào Yún fèng jūnshī zhī mìng, yǐjing qǔ chéng le." Yuánlái Kǒngmíng chènzhe Zhōu

瑜和曹军交战之机，早令赵云带兵夺了南郡。
Yú hé Cáo jūn jiāozhàn zhī jī, zǎo lìng Zhào Yún dài bīng duó le Nánjùn.

　　밤의 장막이 막 내리려고 할 때 조조군은 주유가 있는 대진영 밖에 몰래 도달했고, 돌격해 들어가 보니 진영 안에는 아무두 없었다. 주홍은 계략에 빠진 걸 알고 급히 철수하려 했으나 이미 늦었다. 사방에서 포 소리가 일제히 울리고, 함성소리가 하늘까지 치솟았으며, 동오의 병마가 사방에서 돌격해 왔다. 잠시 후에 조조군은 공격을 당해 혼란에 빠지게 되었고, 조인은 이때 감히 남군성으로 돌아가지 못하고, 필사적으로 싸우면서 겹겹의 포위를 뚫고 도망쳐, 양양으로 달아났다.

　　조조군을 박살내고 주유는 아주 득의양양하였고, 날이 밝자 대군을 거느리고 남군성 아래에 도달하였다. 성위에는 깃발이 가득 꽂혀 있었고, 성문은 굳게 닫혀 있었다. 주유가 막 답답해하고 있을 때, 갑자기 성루에 위풍당당한 장수 하나가 나타나더니, 크게 웃으며 성 아래쪽으로 고함쳤다. "도독께서는 이상하게 여기지 마십시오. 조운은 군사의 명을 받들고, 이미 성을 취하였습니다." 알고 보니, 공명이 주유와 조조군이 싸우는 기회를 타서, 미리 조운에게 병사를 이끌고 남군을 빼앗으라고 하였던 것이었다.

夜幕 _ 밤의 장막　❘　摸 _ 몰래 쳐들어가다. 기습하다　❘　齐响 _ 일제히 울리다　❘　紧紧 _ 꽉. 단단히　❘　关闭 _ 닫다　❘　纳闷 _ (마음에 의혹이 생겨) 답답하다. 갑갑하다

周瑜在城下气得浑身发抖，立刻命令军士攻
Zhōu Yú zài chéngxià qì de húnshēn fādǒu, lìkè mìnglìng jūnshì gōng

城。不料城上的箭像雨点一样射下来，周瑜也只得
chéng. Búliào chéngshang de jiàn xiàng yǔdiǎn yíyàng shè xiàlái, Zhōu Yú yě zhǐdé

退回营中。
tuìhuí yíng zhōng.

回到营寨，周瑜立刻派兵去攻打荆州，又派一
Huídào yíngzhài, Zhōu Yú lìkè pàibīng qù gōngdǎ Jīngzhōu, yòu pài yí

路人马去打襄阳，只想等夺了这两个城池，回过头
lù rénmǎ qù dǎ Xiāngyáng, zhǐ xiǎng děng duó le zhè liǎng ge chéngchí, huíguò tóu

来再打南郡。谁知，这边兵马还没出发，就有探子
lái zài dǎ Nánjùn. Shéi zhī, zhèbiān bīngmǎ hái méi chūfā, jiù yǒu tànzi

来报："诸葛亮占领南郡后就盗用了曹军的军符，
láibào : "Zhūgé Liàng zhànlǐng Nánjùn hòu jiù dàoyòng le Cáo jūn de jūnfú,

把荆州的曹兵调走，又叫张飞占领了荆州。"周瑜
bǎ Jīngzhōu de Cáo bīng diàozǒu, yòu jiào Zhāng Fēi zhànlǐng le Jīngzhōu." Zhōu Yú

正气恼，又有人来报说："襄阳也被诸葛亮用同样
zhèng qìnǎo, yòu yǒurén láibào shuō : "Xiāngyáng yě bèi Zhūgé Liàng yòng tóngyàng

方法占领了，现在正由关羽守城。"
fāngfǎ zhànlǐng le, xiànzài zhèng yóu Guān Yǔ shǒuchéng."

周瑜一听，气得大叫一声，把箭伤也迸裂了，
Zhōu Yú yì tīng, qì de dà jiào yì shēng, bǎ jiànshāng yě bèngliè le,

直疼得晕了过去。
zhí téng de yūn le guòqù.

주유는 성 아래에서 화가 치밀어 온몸을 바들바들 떨며, 즉시 군사들에게 성을 공격하도록 명하였다. 생각지도 않게 성위에서 화살이 빗발치듯 쏟아져, 주유는 하는 수 없이 진영으로 퇴각하였다.

진영으로 돌아와서, 주유는 즉시 형주를 공격하도록 파병하고, 또 양양을 치도록 인마를 보냈다. 이 두 성을 빼앗고 나서, 돌아와서 다시 남군을 치려고 생각한 것이었다. 누가 알았으랴. 병사들이 아직 출발하기도 전에 정탐병이 와서 이렇게 보고했다. "제갈량이 남군을 점령한 후 조조군의 부절을 도용하여, 형주의 조조군을 다른 데로 보내고, 장비에게 형주를 점령하도록 시켰습니다." 주유가 막 화가 치밀어 오르는데, 또 누군가가 와서 보고하였다. "양양도 제갈량이 똑같은 방법으로 점령하였고, 지금 관우가 성을 지키고 있습니다."

주유는 듣고 화가 나 큰 소리를 질렀다. 화살 맞은 상처가 또 터져, 너무 아픈 나머지 기절하였다.

浑身 _ 온몸, 전신 | **城池** _ 성, 성과 해자 | **探子** _ 정탐원 | **盗用** _ 도용하다 | **军符** _ 군대의 부절 | **调走** _ 옮기다, 전근시키다 | **气恼** _ 화내다, 성내다 | **迸裂** _ (상처가) 벌어지다

刘备得了荆州、南郡和襄阳后，又往南征伐了
Liú Bèi dé le Jīngzhōu、Nánjùn hé Xiāngyáng hòu, yòu wǎng nán zhēngfá le

武陵、长沙、桂阳和零陵四座城池，势力渐渐壮大
Wǔlíng、Chángshā、Guìyáng hé Línglíng sì zuò chéngchí, shìlì jiànjiàn zhuàngdà

起来。有一天，东吴突然派人来做媒，说要把孙权
qǐlái. Yǒu yì tiān, Dōngwú tūrán pài rén lái zuòméi, shuō yào bǎ Sūn Quán

的妹妹嫁给刘备。孔明明知这又是周瑜使的把戏，
de mèimei jiàgěi Liú Bèi. Kǒngmíng míngzhī zhè yòu shì Zhōu Yú shǐ de bǎxì,

要刘备去东吴成亲，好扣下刘备当人质要还荆州，
yào Liú Bèi qù Dōngwú chéngqīn, hǎo kòuxià Liú Bèi dāng rénzhì yào huán Jīngzhōu,

却不动声色。孔明笑着对众人说："周瑜虽然善用
què bú dòng shēngsè. Kǒngmíng xiào zhe duì zhòngrén shuō : "Zhōu Yú suīrán shànyòng

计谋，却总瞒不过我的眼睛。我们索性将计就计，
jìmóu, què zǒng mán bu guò wǒ de yǎnjing. Wǒmen suǒxìng jiāng jì jiù jì,

叫孙权的妹妹嫁给主公，荆州又万无一失。"他给
jiào Sūn Quán de mèimei jiàgěi zhǔgōng, Jīngzhōu yòu wàn wú yì shī." Tā gěi

了刘备三个锦囊，便送刘备上路了。
le Liú Bèi sān ge jǐnnáng, biàn sòng Liú Bèi shànglù le.

刘备照孔明的吩咐，到了南徐后便拆开第一个
Liú Bèi zhào Kǒngmíng de fēnfù, dào le Nánxú hòu biàn chāikāi dì yí ge

锦囊，按上面的话去拜见了孙权的母亲，并命随从
jǐnnáng, àn shàngmian de huà qù bàijiàn le Sūn Quán de mǔqīn, bìng mìng suícóng

的人到市集去到处散布消息，声称自己是特来迎娶
de rén dào shìjí qù dàochù sànbù xiāoxi, shēngchēng zìjǐ shì tè lái yíngqǔ

孙权妹妹的。孙权本来和周瑜计划借成亲一事骗刘
Sūn Quán mèimei de. Sūn Quán běnlái hé Zhōu Yú jìhuà jiè chéngqīn yí shì piàn Liú

备来南徐，只说若刘备不答应交还荆州便要杀他。
Bèi lái Nánxú, zhǐ shuō ruò Liú Bèi bù dāying jiāohuán Jīngzhōu biàn yào shā tā.

유비는 형주, 남군, 양양을 얻은 후, 또 남정을 하여 무릉, 장사, 계양, 영릉 네 성을 정벌하였고, 세력이 점점 강대해지기 시작하였다. 하루는, 동오에서 갑자기 사람을 보내 중매를 하며, 손권의 여동생을 유비에게 시집보내려 한다고 말했다. 공명은 이것 또한 주유가 부리는 흉계로, 유비에게 동오에 가서 결혼하게 하고는, 유비를 붙잡아 두고 인질로 삼아 형주를 돌려받겠다는 것임을 분명히 알았지만, 전혀 내색을 하지 않았다. 공명은 웃으며 사람들에게 말했다. "주유는 비록 계략에 뛰어나지만, 제 눈을 속이지는 못합니다. 차라리 계략을 역이용하여, 손권의 여동생을 주공에게 시집보내고, 형주 또한 절대로 잃지 않게 합시다." 그는 유비에게 비단주머니 세 개를 주고, 유비를 배웅해 주었다.

유비는 공명의 분부대로, 남서에 도착하고 나서 첫 번째 비단주머니를 끄르고, 거기에 쓰인 대로 손권의 어머니를 배알하러 갔다. 그리고 수종에게 명령해서 시장에 가서 여기저기에 소식을 퍼뜨려 자기는 특별히 손권의 여동생을 아내로 맞이하러 왔다고 알리라고 하였다. 손권은 본래 결혼을 빙자해서 유비가 남서에 오도록 속이고, 만약 유비가 형주를 돌려주는데 응하지 않으면 죽이기로 주유와 계획을 했었다.

做媒 _ 중매하다 | **把戏** _ 속임수, 흉계, 농간 | **成亲** _ 결혼하다 | **扣下** _ 차압하다 | **声色** _ 말소리와 얼굴빛 | **瞒不过** _ 속여 넘길 수 없다 | **索性** _ 차라리, 아예 | **将计就计** _ 상대방의 계략을 역이용하여 상대방을 공격하다 | **万无一失** _ 만에 하나의 실수도 없다, 결코 틀림이 없다 | **锦囊** _ 비단주머니 [옛날 시를 쓴 원고를 넣는 비단 주머니] | **市集** _ 장, 정기시장 | **散布** _ 흩어지다, 뿌리다, 퍼뜨리다 | **声称** _ 공공연하게 말하다, 공언하다 | **迎娶** _ 아내를 맞다, 신부를 맞이하다 (＝迎亲) | **骗** _ 속이다 | **交还** _ 돌려주다, 반환하다

谁知刘备竟把娶亲的消息传得尽人皆知，也不
Shéi zhī Liú Bèi jìng bǎ qǔqīn de xiāoxi chuán de jìn rén jiē zhī, yě bù

好当众反悔，只得把妹妹先嫁给了刘备。
hǎo dāngzhòng fǎnhuǐ, zhǐdé bǎ mèimei xiān jiàgěi le Liú Bèi.

刘备自娶了孙夫人后，在东吴过了好一段悠闲
Liú Bèi zì qǔ le Sūn fūrén hòu, zài Dōngwú guò le hǎo yí duàn yōuxián

日子。这天，赵云担心刘备被孙权这里的富贵生活
rìzi. Zhè tiān, Zhào Yún dānxīn Liú Bèi bèi Sūn Quán zhèli de fùguì shēnghuó

迷住，便拆开了诸葛亮给的第二个锦囊，里面果然
mízhù, biàn chāikāi le Zhūgé Liàng gěi de dì èr ge jǐnnáng, lǐmian guǒrán

有一条妙计。
yǒu yì tiáo miàojì.

赵云按照计策上所说，装出慌慌张张的
Zhào Yún ànzhào jìcèshang suǒ shuō, zhuāngchū huānghuāngzhāngzhāng de

样子赶到刘备跟前说：“今早军师派人来报说，曹
yàngzi gǎndào Liú Bèi gēnqián shuō : "Jīn zǎo jūnshī pài rén láibào shuō, Cáo

操派五十万大军朝荆州杀去，请主公快快回去。”
Cāo pài wǔshíwàn dàjūn cháo Jīngzhōu shā qù, qǐng zhǔgōng kuàikuài huíqù."

刘备只当是真事，但又怕自己新婚，若说回去，恐
Liú Bèi zhǐ dāng shì zhēn shì, dàn yòu pà zìjǐ xīnhūn, ruò shuō huíqù, kǒng

怕孙夫人不依，十分焦急。谁知孙夫人是个通情
pà Sūn fūrén bù yī, shífēn jiāojí. Shéi zhī Sūn fūrén shì ge tōng qíng

理、识大体的女子，听说如此，不但愿意和刘备一
lǐ、 shí dàtǐ de nǚzǐ, tīngshuō rúcǐ, búdàn yuànyì hé Liú Bèi yì

同回荆州，而且还定下计策，准备和刘备偷偷离
tóng huí Jīngzhōu, érqiě hái dìngxià jìcè, zhǔnbèi hé Liú Bèi tōutōu lí

开东吴。
kāi Dōngwú.

유비가 결혼한다는 소식을 모든 사람들이 다 알게 할 줄을 누가 알았겠는가. 사람들 앞에서 번복하기도 그래서, 어쩔 수 없이 여동생을 우선 유비에게 시집보냈다.

유비는 손부인을 아내로 맞이한 후, 동오에서 한적한 날을 보내고 있었다. 하루는, 조운이 유비가 손권이 있는 이곳의 부귀한 생활에 미혹될까 염려해, 제갈량이 준 두 번째 비단주머니를 끄러보았다. 안에는 과연 묘책이 들어 있었다.

조운은 계책에서 말한 대로, 허둥지둥 대는 체하며 유비한테 가서 말했다. "오늘 아침 군사께서 사람을 보내 보고하셨습니다. 조조가 50만 대군을 형주로 싸우러 보냈다 하시니, 주공께서는 속히 돌아가시기 바랍니다." 유비는 정말인 걸로 믿었으나, 자기는 신혼이라 만약 돌아가겠다고 말한다면, 손부인이 따르지 않을까 두려워 대단히 초조해했다. 하지만 손부인은 사리가 분명하고 이치를 아는 여자로, 이러한 이야기를 듣고 유비와 함께 형주로 돌아가겠다고 했을 뿐 아니라, 계책을 세워 유비와 몰래 동오를 떠나려 하였다.

尽人皆知 _ 모든 사람이 다 알다 | 当众 _ 대중 앞에서 | 悠闲 _ 유한하다. 유유하다. 한가하고 여유있다 | 迷住 _ 홀리다. 미혹시키다 | 妙计 _ 묘계. 묘책 | 惶惶张张 _ 허둥지둥 | 不依 _ 따르지 않다. 말을 듣지 않다 | 情理 _ 정리. 사리. 도리 | 大体 _ 중요한 도리. 이치

新年这天早上，孙夫人对母亲说自己要和刘备
Xīnnián zhè tiān zǎoshang, Sūn fūrén duì mǔqīn shuō zìjǐ yào hé Liú Bèi

去江边祭祀祖先，便出城去了。到了城外和赵云等
qù jiāngbiān jìsì zǔxiān, biàn chūchéng qù le. Dào le chéngwài hé Zhào Yún děng

人会合，向江边赶去。
rén huìhé, xiàng jiāngbiān gǎn qù.

孙权这天只管喝酒玩乐，得知刘备逃走的消息
Sūn Quán zhè tiān zhǐ guǎn hējiǔ wánlè, dézhī Liú Bèi táozǒu de xiāoxi

已经很晚了，急忙命人去追，又悄悄对手下说："若
yǐjing hěn wǎn le, jímáng mìng rén qù zhuī, yòu qiāoqiāo duì shǒuxià shuō : "Ruò

不肯回来，只管把刘备和我妹妹的头都砍下来。"
bù kěn huílái, zhǐ guǎn bǎ Liú Bèi hé wǒ mèimei de tóu dōu kǎn xiàlái."

刘备这边正赶路，听到后面追兵将至，十分
Liú Bèi zhèbiān zhèng gǎnlù, tīngdào hòumian zhuībīng jiāng zhì, shífēn

焦急，忙和赵云打开第三个锦囊。只见上面写着：
jiāojí, máng hé Zhào Yún dǎkāi dì sān ge jǐnnáng. Zhǐ jiàn shàngmian xiě zhe :

若有危机，只管和夫人商量。刘备便将孙权开始假
Ruò yǒu wēijī, zhǐ guǎn hé fūrén shāngliang. Liú Bèi biàn jiāng Sūn Quán kāishǐ jiǎ

装嫁妹，将他骗来东吴，如今又要杀他的事情全告
zhuāng jià mèi, jiāng tā piànlái Dōngwú, rújīn yòu yào shā tā de shìqing quán gào

诉了孙夫人。孙夫人听后十分生气，说道："既然
su le Sūn fūrén. Sūn fūrén tīng hòu shífēn shēngqì, shuōdào : "Jìrán

哥哥不当我是亲骨肉，我也不想回去见他。今天的
gēge bù dāng wǒ shì qīngǔròu, wǒ yě bù xiǎng huíqù jiàn tā. Jīntiān de

事我来应付。"
shì wǒ lái yìngfù."

새해 아침, 손부인은 어머니께 유비와 함께 강가에 가서 조상들에게 제사를 지내겠다고 말하고는 성을 나갔다. 성밖에 이르러, 조운 등의 사람들과 만나, 강가로 서둘러 갔다.

손권은 이날 오로지 술 마시고 놀다 보니, 유비가 도망간 소식을 아주 늦게 듣게 되었다. 급히 명령하여 뒤쫓게 하고, 조용히 수하에게 말했다. "만약 돌아오지 않으려 하면, 유비와 내 여동생의 머리를 마음대로 베어라."

유비가 길을 서둘러 가고 있는데, 뒤에서 추격병이 곧 다다를 것 같은 소리가 들렸다. 아주 초조해서 급히 조운과 함께 세 번째 비단주머니를 끄러보았다. 거기에는 '만약 위기가 닥치면, 오직 손부인과 의논하십시오'라고 쓰여 있었다. 유비는 손권이 거짓으로 여동생을 시집보내겠다 하고, 자신을 속여 동오에 오게 한 일부터 시작해서, 지금 또 그를 죽이려는 일을 전부 손부인에게 알렸다. 손부인은 듣고 나서 대단히 화가 나 말했다. "오빠가 나를 혈육으로 여기지 않는다면, 나도 돌아가서 그를 보고 싶지 않습니다. 오늘 일은 제가 처리하겠습니다."

会合 _ 회합하다, 합류하다, 모이다　|　**玩乐** _ 유흥, 유희, 오락　|　**应付** _ 대응하다, 대처하다

追兵赶到，孙夫人从车上下来，对孙权的手下
Zhuībīng gǎndào, Sūn fūrén cóng chēshang xiàlái, duì Sūn Quán de shǒuxià

说："我们是奉我母亲的命令回荆州的，我哥哥也
shuō : "Wǒmen shì fèng wǒ mǔqīn de mìnglìng huí Jīngzhōu de, wǒ gēge yě

不敢把我怎样，你们这样兴师动众地赶来，难道是
bù gǎn bǎ wǒ zěnyàng, nǐmen zhèyàng xīng shī dòng zhòng de gǎnlái, nándào shì

来杀我们不成？"那些将士也不敢真的把孙夫人怎
lái shā wǒmen bùchéng?" Nàxiē jiàngshì yě bù gǎn zhēnde bǎ Sūn fūrén zěn

样，怕将来老夫人找麻烦。况且孙权和孙夫人是亲
yàng, pà jiānglái lǎo fūrén zhǎo máfan. Kuàngqiě Sūn Quán hé Sūn fūrén shì qīn

兄妹，若将来反悔，还要找他们治罪，不如今天放
xiōngmèi, ruò jiānglái fǎnhuǐ, hái yào zhǎo tāmen zhìzuì, bùrú jīntiān fàng

了他们。于是众将官也不动手，只看着刘备他们走
le tāmen. Yúshì zhòng jiàngguān yě bú dòngshǒu, zhǐ kàn zhe Liú Bèi tāmen zǒu

了。
le.

刘备等人逃到江边，又为找不到船过江烦
Liú Bèi děng rén táo dào jiāngbiān, yòu wèi zhǎo bu dào chuán guò jiāng fán

恼。后面，周瑜又亲自带追兵赶来。刘备正惊慌不
nǎo. Hòumian, Zhōu Yú yòu qīnzì dài zhuībīng gǎnlái. Liú Bèi zhèng jīnghuāng bú

定，却看到前面江面上来了二十艘客船。等众人
dìng, què kàndào qiánmian jiāngmiànshang lái le èrshí sōu kèchuán. Děng zhòngrén

都上了船，自舱内走出一个头带纶巾，笑容满面的
dōu shàng le chuán, zì cāng nèi zǒuchū yí ge tóu dài guānjīn, xiàoróng mǎnmiàn de

人来，正是诸葛亮。
rén lái, zhèng shì Zhūgé Liàng.

추격병이 이르자, 손부인이 수레에서 내려와, 손권의 수하에게 말했다. "우리들은 우리 어머니의 명령을 받들고 형주로 돌아가는 길이다. 오빠도 감히 날 어쩌지 못한다. 너희들 이처럼 많은 사람을 동원하여 쫓아와, 설마 우리들을 죽이려하는 것은 아니겠지?" 장수와 병사들은 감히 손부인을 어쩌지 못하였고, 이후에 노부인이 자기들을 골치 아프게 할까 두려웠다. 게다가 손권과 손부인은 친남매 지간이라, 만약 이후에 후회라도 해서 자신들에게 죄를 물릴 수도 있어, 지금 그들을 놓아주는 것이 낫다고 생각했다. 그래서 여러 장수들은 아무런 행동도 하지 않고, 그저 유비 일행이 가는 것을 보고만 있었다.

유비 일행은 강가에 도착해, 강을 건널 배를 찾지 못해 고심하였다. 뒤에서는 주유가 친히 추격병을 거느리고 오고 있었다. 유비는 놀라 허둥대고 있는데, 앞쪽의 강에서 객선 20척이 오는 것이 보였다. 사람들이 모두 배에 오르자, 선실에서 머리에 비단 두건을 쓰고, 만면에 웃음을 띤 사람이 나왔는데, 바로 제갈량이었다.

兴师动众 _ 군대를 일으키고 대중을 동원하다, 많은 사람을 동원하여 어떤 일을 하다 ┃ 找麻烦 _ 골칫거리를 만들다, 폐를 끼치다 ┃ 治罪 _ 치죄하다, 죄를 다스려 벌을 주다 ┃ 惊慌不定 _ 놀라 허둥지둥하다 ┃ 客船 _ 객선, 배 ┃ 笑容满面 _ 얼굴에 웃음이 가득하다

刘备一看是孔明来接，也不由得高兴起来。追
Liú Bèi yí kàn shì Kǒngmíng lái jiē, yě bùyóude gāoxìng qǐlái. Zhuī

兵到时，船早已离岸。周瑜乘船又追，到了对岸，
bīng dào shí, chuán zǎoyǐ lí àn. Zhōu Yú chéng chuán yòu zhuī, dào le duì'àn,

早有关羽带人来接应刘备。周瑜一见关羽，知道打
zǎo yǒu Guān Yǔ dài rén lái jiēyìng Liú Bèi. Zhōu Yú yí jiàn Guān Yǔ, zhīdào dǎ

不过他，也不敢再纠缠，只好乘船回来。只听得对
bu guò tā, yě bù gǎn zài jiūchán, zhǐhǎo chéng chuán huílái. Zhǐ tīng de duì

岸刘备的军士们齐声高喊："周郎妙计安天下，陪
àn Liú bèi de jūnshìmen qíshēng gāohǎn : "Zhōu láng miàojì ān tiānxià, péi

了夫人又折兵。"周瑜听了，又羞又怒，一阵急火
le fūrén yòu zhé bīng." Zhōu Yú tīng le, yòu xiū yòu nù, yí zhèn jíhuǒ

攻心，大叫一声，晕了过去。
gōngxīn, dà jiào yì shēng, yūn le guòqù.

几次败在孔明的手里，让周瑜深受刺激。回到
Jǐ cì bài zài Kǒngmíng de shǒulǐ, ràng Zhōu Yú shēnshòu cìjī. Huídào

东吴便日夜想着报仇，要把被刘备占据的荆州夺回
Dōngwú biàn rìyè xiǎng zhe bàochóu, yào bǎ bèi Liú bèi zhànjù de Jīngzhōu duó huí

来。这一天，他又派鲁肃去见刘备，讨还荆州。刘
lái. Zhè yì tiān, tā yòu pài Lǔ Sù qù jiàn Liú Bèi, tǎohuán Jīngzhōu. Liú

备听说鲁肃要来，忙请教孔明该如何应付。孔明
Bèi tīngshuō Lǔ Sù yào lái, máng qǐng jiào Kǒngmíng gāi rúhé yìngfù. Kǒngmíng

说："他若提起荆州一事，主公就放声大哭，到时
shuō : "Tā ruò tíqǐ Jīngzhōu yí shì, zhǔgōng jiù fàng shēng dà kū, dàoshí

我自然出来说话。"
wǒ zìrán chūlái shuō huà."

유비는 공명이 마중 나온 것을 보고, 자신도 모르게 기뻤다. 추격병이 도착했을 때, 배는 이미 강기슭을 떠났다. 주유는 배를 타고 또 쫓았으나, 맞은편 기슭에 이르니 벌써 관우가 사람을 데리고 유비를 맞이하러 와 있었다. 주유는 관우를 보고 그를 이길 수 없다는 걸 알고, 더 이상 분쟁을 일으킬 수 없어, 어쩔 수 없이 배를 타고 돌아갔다. 맞은편 기슭에 있던 유비의 병사들이 일제히 고함을 질렀다. "주유의 묘책은 천하를 평안케 하고, 부인도 잃고 또 병사까지 잃었네." 주유는 듣고 부끄러웠고 또 화가 나, 그 화가 마음에까지 미쳐, 크게 외마디 소리 지르고 기절하였다.

몇 차례나 공명의 손바닥에서 놀아나게 되어, 주유는 큰 자극을 받았다. 동오에 돌아오고 나서 밤낮으로 복수를 생각하며, 유비가 점거한 형주를 되찾으려고 하였다. 하루는 노숙을 보내 유비를 만나, 형주를 돌려줄 것을 요구하도록 하였다. 유비는 노숙이 올 것이라는 말을 듣고, 급히 공명에게 어떻게 대처해야 할지를 물었다. 공명이 말했다, "그가 만약 형주에 관한 이야기를 하면, 주공은 대성통곡하십시오. 그때 제가 자연스럽게 나와 말을 하지요."

离岸 _ 강기슭을 떠나다 ┃ 对岸 _ 맞은 편 기슭 ┃ 打不过 _ 이길 수 없다, 이기지 못하다 ┃ 纠缠 _ 분쟁을 일으키다 ┃ 折兵 _ 군사를 잃다 ┃ 急火攻心 _ 분노로 의식이 혼미해지다 ┃ 刺激 _ 자극하다 ┃ 讨还 _ 받아내다, 반환을 요구하다 ┃ 自然 _ 자연스럽게

鲁肃来后果然说：“我专为荆州而来。您是孙

权将军的妹夫，请看在亲戚的面子上，把荆州还给

东吴吧！”刘备听了，一言不发，双手捂着脸大哭

起来。鲁肃惊讶地问：“皇叔这是怎么了？”

这时，孔明从屏风后走出来说：“难道你不知

道皇叔哭的原因吗？并不是皇叔不愿意还荆州啊，

只因为当初我们借荆州的时候，答应取得了西川就

归还。可如今一想，西川的刘璋也是皇叔的亲戚，

如果强取他的城池，一定让外人笑话。不取吧，还

了荆州又没地方去，如今孙将军又来催逼，这事实

在叫皇叔为难，所以才这样痛哭。”孔明的话正说

中刘备的心事，于是他愈发地捶胸顿足地大哭起来。

鲁肃是个老实厚道的人，看刘备这样伤心，也就没

说什么，答应再回去商量商量。

　　노숙이 오더니 과연 이렇게 말했다. "저는 오로지 형주 때문에 왔습니다. 그대는 손권 장군의 매부이시니, 친척이라는 정분을 봐서라도, 형주를 동오에 돌려주십시오!" 유비는 듣고 한마디도 않고, 두 손으로 얼굴을 가린 채 소리내어 울기 시작했다. 노숙이 놀라서 물었다. "황숙 이거 왜 이러십니까?"

　　이때, 공명이 병풍 뒤에서 걸어나오며 말했다. "노숙은 황숙이 우는 원인을 모르시지는 않겠죠? 황숙이 형주를 돌려주고 싶지 않아서 그러시는 것은 결코 아닙니다. 다만 당초에 우리들이 형주를 빌릴 때, 서천을 취하면 바로 돌아가겠다고 약속했기 때문입니다. 그러나 지금 생각해 보니, 서천의 유장 또한 황숙의 친척이니, 만약 그의 성을 강제로 취한다면, 반드시 천하사람들이 비웃을 것입니다. 취하지 않으면, 형주를 돌려주고 갈 곳이 없답니다. 지금 손 장군께서 또 재촉하고 다그치시니, 이 일로 황숙께서 괴로워서 이처럼 통곡하시는 것입니다." 공명의 말은 유비의 마음과 딱 들어맞았다. 그래서 유비는 가슴을 치고 발을 구르며 더욱더 크게 울었다. 노숙은 진중하고 인자한 인물이라, 유비가 이처럼 상심하는 것을 보고 뭐라 말하기도 그래서, 다시 돌아가 상의해 보겠다고 대답했다.

面子 _ 체면, 면목, 정의, 정분　｜　**一言不发** _ 한 마디도 말하지 않다, 일언반구도 없다　｜　**捂** _ 가리다, 덮다　｜　**归还** _ 되돌려주다, 반환하다　｜　**强取** _ 강제로 빼앗다　｜　**催逼** _ 재촉하고 다그치다　｜　**为难** _ 난처하다, 곤란하다　｜　**愈发** _ 더욱더, 한층 (＝越发)　｜　**捶胸顿足** _ 가슴을 치고 발을 구르다, 슬픔이 극에 달하다　｜　**老实** _ 솔직하다, 정직하다, 고지식하다　｜　**厚道** _ 너그럽다, 관대하다

回去后，周瑜听了鲁肃的报告，叹口气说：
Huíqù hòu, Zhōu Yú tīng le Lǔ Sù de bàogào, tàn kǒuqì shuō :

"你又中了孔明的奸计了啊！"周瑜想了想又说：
"Nǐ yòu zhòng le Kǒngmíng de jiānjì le a!" Zhōu Yú xiǎng le xiǎng yòu shuō :

"麻烦你再去一次荆州，这次只说如果皇叔不忍心
"Máfan nǐ zài qù yí cì Jīngzhōu, zhècì zhǐ shuō rúguǒ huángshū bù rěnxīn

打自己的亲戚，我们可以派兵去攻打西川。取得西
dǎ zìjǐ de qīnqi, wǒmen kěyǐ pàibīng qù gōngdǎ Xīchuān. Qǔdé Xī

川后，作为孙夫人的陪嫁送给皇叔，到时皇叔再把
chuān hòu, zuòwéi Sūn fūrén de péijià sònggěi huángshū, dàoshí Huángshū zài bǎ

荆州还给东吴。"
Jīngzhōu huángěi Dōngwú."

鲁肃听了，担忧地说："西川那么远，恐怕不
Lǔ Sù tīng le, dānyōu de shuō : "Xīchuān nàme yuǎn, kǒngpà bù

容易取得。"周瑜笑着说："你真是老实人，我们不
róngyì qǔdé." Zhōu Yú xiào zhe shuō : "Nǐ zhēn shì lǎoshírén, wǒmen bú

过假借这名号，只说攻打西川，当兵马路过荆州时，
guò jiǎjiè zhè mínghào, zhǐ shuō gōngdǎ Xīchuān, dāng bīngmǎ lùguò Jīngzhōu shí,

要刘备出城迎接，到时杀了他，荆州不就夺回来了
yào Liú Bèi chūchéng yíngjiē, dàoshí shā le tā, Jīngzhōu bú jiù duó huílái le

嘛！"鲁肃恍然大悟，就又往荆州来了。孔明见鲁
ma!" Lǔ Sù huǎngrán dàwù, jiù yòu wǎng Jīngzhōu lái le. Kǒngmíng jiàn Lǔ

肃又来，便对刘备说："凡是他说的话，主公只要
Sù yòu lái, biàn duì Liú Bèi shuō : "Fánshì tā shuō de huà, zhǔgōng zhǐyào

见我点头，便答应他。"两人商量好了，就去迎接
jiàn wǒ diǎntóu, biàn dāying tā." Liǎng rén shāngliang hǎo le, jiù qù yíngjiē

鲁肃。
Lǔ Sù.

    돌아간 후, 주유는 노숙의 보고를 듣고, 한숨을 쉬며 말했다. "또 공명의 간계
에 넘어갔군요!" 주유는 이리저리 생각하다가 말했다. "수고스럽지만 다시 형주
에 갔다 오세요. 이번에는 이것만 말하세요. 만약 황숙이 차마 자신의 친척을 공
격하지 못한다면, 우리들이 파병하여 서천을 공격할 수 있으며, 서천을 취한 후,
손 부인의 혼수품으로 황숙에게 줄 테니, 그때 황숙이 형주를 동오에 돌려주면 된
다고요."

노숙이 듣고, 걱정스럽게 말했다. "서천
이 얼마나 먼데, 아마 취하기가 쉽지 않을
듯합니다." 주유가 웃으며 말했다. "정말
고지식하시군요. 우리는 이것을 핑계로 삼
을 뿐입니다. 서천을 공격하겠다고 하고는,
병마가 형주를 지날갈 때, 유비에게 성을
나와 영접하게 하고, 그때 그를 죽이면 형
주를 되찾는 것이 아닙니까!" 노숙은 문
득 크게 깨닫고, 바로 형주로 왔다. 공
명은 노숙이 또 온 것을 보고, 유비에
게 말했다. "그가 말하는 모든 말에,
주공께서는 그저 제가 고개를 끄덕
이는 걸 보시고, 그에게 응낙하시
면 됩니다." 두 사람은 상의를
끝내고, 노숙을 맞으러 갔다.

奸计 _ 간계, 간사한 계략 (= 奸策)　ㅣ　**陪嫁** _ 시집갈 때 딸려 보내는 혼수품이나 몸종　ㅣ　**担忧** _ 걱정
하다, 근심하다　ㅣ　**假借** _ 구실삼다　ㅣ　**名号** _ 이름, 명예, 명성

鲁肃见了刘备便说："我们愿意出兵替皇叔取
Lǔ Sù jiàn le Liú Bèi biàn shuō : "Wǒmen yuànyì chūbīng tì huángshū qǔ

得西川，到时用西川换回荆州。"孔明点了点头，
dé Xīchuān, dàoshí yòng Xīchuān huànhuí Jīngzhōu." Kǒngmíng diǎn le diǎn tóu,

刘备连忙拱手称谢："全靠都督费心，东吴大军到时，
Liú Bèi liánmáng gǒngshǒu chēngxiè : "Quán kào dūdu fèixīn, Dōngwú dàjūn dào shí,

我们一定迎接慰劳。"鲁肃见刘备答应得十分痛快，
wǒmen yídìng yíngjiē wèiláo." Lǔ Sù jiàn Liú Bèi dāying de shífēn tòngkuai,

便高兴地回去了。
biàn gāoxìng de huíqù le.

孔明暗暗地和刘备说了计策，并吩咐赵云等将
Kǒngmíng àn'àn de hé Liú Bèi shuō le jìcè, bìng fēnfù Zhào Yún děng jiàng

领按计行事。周瑜见鲁肃此行十分顺利，便高兴地
lǐng àn jì xíngshì. Zhōu Yú jiàn Lǔ Sù cǐ xíng shífēn shùnlì, biàn gāoxìng de

率领五万大军，坐船朝荆州而来。
shuàilǐng wǔwàn dàjūn, zuò chuán cháo Jīngzhōu ér lái.

노숙은 유비를 보더니 말했다. "우리들은 황숙을 대신해서 출병하여 서천을 취할 것입니다. 그때 가서 서천을 형주와 바꾸겠습니다." 공명이 고개를 끄덕이자, 유비는 급히 두 손을 맞잡고 치사를 하였다. "도독께서 이렇게 마음을 쓰시다니. 동오의 대군이 도달할 때에, 우리들이 꼭 영접하고 위문하겠습니다." 노숙은 유비가 아주 통쾌하게 응낙하는 것을 보고, 기뻐하며 돌아갔다.

공명은 은밀히 유비에게 계책을 설명하고, 조운 등의 장수에게 계획대로 일을 진행할 것을 분부했다. 주유는 노숙이 이번에 갔다 온 것이 아주 순조로운 걸 보고, 기뻐하며 5만의 대군을 거느리고 배를 타고 형주로 왔다.

拱手 _ 두 손을 맞잡고 인사하다, 공수하다 | 称谢 _ 사의를 표하다, 치사하다 | 全靠 _ 모두 ~에게 의지하다 | 费心 _ 마음을 쓰다, 걱정하다 | 慰劳 _ 위로하다, 위문하다 | 顺利 _ 순조롭다

当周瑜的人马来到荆州城外时，却见不到一个

迎接的人。周瑜心中十分疑惑，便命人去叫门。城

上问："什么人叫门？"吴军答道："东吴周都督到

了。"话音刚落，突然一阵梆子响。城墙上的军士

一齐竖起了刀枪，为首的是赵云。赵云大声问道：

"都督到这里来，到底是为了什么？"周瑜说："我

替你们去攻打西川，难道你不知道？"赵云指着周

瑜大笑着说："孔明军师早看破了都督的计策，都

督想乘机占领荆州，恐怕是妄想了。"

　　周瑜一听，知道自己中计了，连忙掉转马头往

回走。只听身后有人报说："都督不好了，孔明派

关羽、张飞等将领从四面八方杀来，说是要活捉都

督！"周瑜一听，大叫一声，从马上翻落下来。众

人急忙将他救上船。

　　주유의 인마가 형주성 밖에 도달했을 때, 영접하러 온 사람은 한 명도 보이지 않았다. 주유는 속으로 매우 의심스러워, 사람을 시켜 소리쳐 문을 열라 하였다. 성 위에서 물었다. "문을 열라고 하시는 분이 누구십니까?" 오군이 대답했다. "동오의 주 도독께서 오셨습니다." 말이 미처 끝나기도 전에, 갑자기 딱따기 소리가 한차례 울렸다. 성벽 위의 군사들이 일제히 무기를 세웠는데, 앞장 선 사람은 조운이었다. 조운은 큰 소리로 물었다. "도독께서는 여기에 도대체 무엇 때문에 오셨습니까?" 주유가 말했다. "당신들을 대신해서 서천을 치려고 가는데, 설마 모를 리야 있겠소?" 조운은 주유를 가리키며 껄껄 웃으며 말했다. "군사 공명께서 미리 도독의 계책을 간파했습니다. 도독이 기회를 타 형주를 점령하고 싶어하는데, 망상일 따름입니다."

　　주유는 듣고는 자신이 계략에 빠졌다는 것을 알았고, 급히 말머리를 돌려 돌아갔다. 뒤에서 누군가가 보고하여 말하였다. "도독 큰일 났습니다. 공명이 관우와 장비 등 장수를 보내 사방에서 쳐들어오며, 도독을 산 채로 잡으라고 말하고 있습니다." 주유는 듣고 크게 외마디 소리를 지르더니, 말밑으로 굴러 떨어졌다. 사람들이 급히 그를 구출해 배에 태웠다.

叫门 _ 문을 두드리다. 문밖에서 불러 문을 열게 하다　┃　竖起 _ 세우다　┃　看破 _ 간파하다　┃　妄想 _ 망상하다. 공상하다　┃　翻落 _ 굴러 떨어지다

过了好半天，周瑜才醒过来，听说刘备和孔明
Guò le hǎo bàntiān, Zhōu Yú cái xǐng guòlái, tīngshuō Liú Bèi hé Kǒngmíng

正在前面山顶上喝酒取乐，不由得浑身乱颤，咬牙
zhèng zài qiánmian shāndǐngshang hējiǔ qǔlè, bùyóude húnshēn luànchàn, yǎo yá

切齿地说道："刘备、诸葛亮，你们以为我不能取
qiē chǐ de shuōdào : "Liú Bèi、Zhūgé Liàng, nǐmen yǐwéi wǒ bù néng qǔ

西川吗？我非取给你们看看。"说完便命令军士开
Xīchuān ma? Wǒ fēi qǔ gěi nǐmen kànkan." Shuō wán biàn mìnglìng jūnshì kāi

船，朝西川进发。
chuán, cháo Xīchuān jìnfā.

船队刚刚开动，就有军士送来一封孔明的信。
Chuánduì gānggāng kāidòng, jiù yǒu jūnshì sònglái yì fēng Kǒngmíng de xìn.

周瑜拆开一看，只见上面写着：都督还是不去取西
Zhōu Yú chāikāi yí kàn, zhǐ jiàn shàngmian xiě zhe : Dūdu háishì bú qù qǔ Xī

川的好。那里百姓富足，地势险峻，而都督远征，
chuān de hǎo. Nàli bǎixìng fùzú, dìshì xiǎnjùn, ér dūdu yuǎnzhēng,

必定是人马疲累，恐怕不能得胜。再说，曹操在赤
bìdìng shì rénmǎ pílèi, kǒngpà bù néng déshèng. Zàishuō, Cáo Cāo zài Chì

壁一战惨败，未必不会找都督报仇，若此时趁虚打
bì yí zhàn cǎnbài, wèibì bú huì zhǎo dūdu bàochóu, ruò cǐshí chèn xū dǎ

来，东吴就危险了。
lái, Dōngwú jiù wēixiǎn le.

　　한참 지나서야 주유가 깨어났다. 유비와 공명이 앞의 산꼭대기에서 술을 마시며 즐거워한다는 이야기를 듣고, 자신도 모르게 온몸을 부르르 떨었다. 이를 부득부득 갈며 말했다. "유비, 제갈량, 너희들 내가 서천을 취할 수 없다고 생각하느냐? 반드시 취해서 너희들에게 보여 주마." 말하고 군사들에게 배를 띄우라고 명령하고, 서천을 향해 출발하였다.

　　선대가 막 출발하려고 하는데, 한 병사가 공명의 편지를 가져왔다. 주유가 뜯어서 보니, 위에 다음과 같이 쓰여 있었다. "도독께서는 서천을 취하러 가시지 않는 게 좋습니다. 그곳은 백성도 많고, 지세가 험준합니다. 도독께서 원정을 하시면 반드시 인마가 피로한 법이니, 이기기가 힘들 것입니다. 게다가, 조조는 적벽에서 참패를 당해, 도독께 복수를 하지 않는다는 보장도 없습니다. 만약 이때 빈틈을 타 공격해 오면, 동오는 위험해질 것입니다."

好半天 _ 한참동안, 오랫동안　|　**醒过来** _ 깨어나다, 정신이 들다　|　**取乐** _ 향락하다, 즐기다　|　**乱颤** _ 와들와들 떨다　|　**咬牙切齿** _ 격분하여 이를 부득부득 갈다　|　**进发** _ 출발하다　|　**开动** _ (군대가) 이동하다, 전진하다　|　**富足** _ 풍부하고 넉넉하다 (＝富赡)　|　**险峻** _ 험준하다, (산세가) 높고 험하다　|　**远征** _ 원정하다　|　**疲累** _ 피로하다, 쇠약하다　|　**趁虚** _ 빈 곳을 틈타다, 빈틈을 타다

周瑜看完信，长长地叹了口气，把手下都叫来
Zhōu Yú kàn wán xìn, chángcháng de tàn le kǒuqì, bǎ shǒuxià dōu jiào lái

说道："我一心想辅佐孙将军成就大业，却活不了
shuōdào : "Wǒ yìxīn xiǎng fǔzuǒ Sūn jiāngjūn chéngjiù dàyè, què huó bu liǎo

多久了，你们要好好地尽忠报国啊。"说完又晕了
duōjiǔ le, nǐmen yào hǎohāo de jìnzhōng bàoguó a." Shuō wán yòu yūn le

过去。
guòqù.

众将听了，都不禁伤心落泪。只见周瑜又慢慢
Zhòng jiàng tīng le, dōu bùjīn shāngxīn luòlèi. Zhǐ jiàn Zhōu Yú yòu mànmàn

睁开眼睛，长叹一声道："老天，既然有了我周瑜，
zhēngkāi yǎnjing, cháng tàn yì shēng dào : "Lǎotiān, jìrán yǒu le wǒ Zhōu Yú,

为什么又要有个诸葛亮啊！"叹罢连叫几声便死了，
wèishénme yòu yào yǒu ge Zhūgé Liàng a!" Tàn bà lián jiào jǐ shēng biàn sǐ le,

死时才三十六岁。周瑜聪敏过人，有雄才大略，只
sǐ shí cái sānshíliù suì. Zhōu Yú cōngmǐn guòrén, yǒu xióng cái dà lüè, zhǐ

是为人心胸狭隘，心眼太小，终究未能成就大事。
shì wéirén xīnxiōng xiá'ài, xīnyǎn tài xiǎo, zhōngjiū wèi néng chéngjiù dàshì.

　　주유는 편지를 다 보고는 길게 한숨을 내쉬고, 수하를 모두 불러놓고 말했다. "난 한마음으로 손장군이 대업을 이루시도록 도와 주고 싶었으나, 얼마 살 수가 없소. 여러분들은 진정으로 충성을 다하고 나라에 보답해야 하오." 말을 마치고 또 기절하였다.

　　여러 장수들이 듣고, 모두 상심하여 눈물을 흘렸다. 주유는 다시 천천히 눈을 뜨더니, 길게 탄식을 하고 말했다. "하늘이시여, 나 주유를 이 세상에 내놓고서, 어찌 제갈량을 또 이 세상에 내보내셨나이까!" 탄식을 다하고 연속하여 몇 마디 소리를 지르더니 죽어버렸다. 죽었을 때 겨우 서른 여섯 살이었다. 주유는 매우 총명하고, 뛰어난 재능과 원대한 계략을 가졌으나, 사람됨이 속이 좁고 식견이 얕아, 결국은 대사를 이룰 수 없었다.

辅佐 _ (정치적으로) 보좌하다, 도와주다　┃　尽忠报国 _ 충성을 다하여 나라에 보답하다　┃　睁开 _ 눈을 뜨다　┃　老天 _ 하늘　┃　过人 _ 뛰어나다　┃　雄才大略 _ 뛰어난 재능과 원대한 계략　┃　心胸狭隘 _ 도량이 좁다　┃　心眼 _ 식견, 기지, 총기　┃　终究 _ 결국, 필경

1 **본문을 읽고 다음 물음에 답하시오.**

(1) 孔明怎么夺了南郡？

    A. 他亲手带兵夺了南郡。

    B. 他趁着周瑜和曹军交战之机，令赵云带兵夺了南郡。

    C. 周瑜在赤壁，打了大胜仗后，给孔明送了南郡。

(2) 周瑜为了找回荆州，用了什么计谋？

    A. 他要用美人计找回荆州。

    B. 他要令鲁肃说服刘备找回荆州。

    C. 他要亲手攻打刘备军队找回荆州。

(3) 孔明给刘备的三个锦囊中，第三个锦囊里写着什么？

    A. 一面拜见孙权的母亲，一面命人到市集去到处散布迎娶孙权妹妹的消息。

    B. 曹操派五十万大军朝荆州杀去，请主公快快回去。

    C. 若有危机，只管和孙夫人商量。

2 **녹음을 듣고 빈칸에 들어갈 말을 써 넣으시오.**

(1) 两人把曹操封好的（　　　）取出，拆开一看，不由得满心（　　　）。

(2) 周瑜在城下气得（　　　）发抖，（　　　）命令军士攻城。

(3) 孔明暗暗地和刘备说了（　　　），并吩咐赵云等（　　　）按计行事。

3 다음 문장을 자연스러운 우리말로 옮기시오.

(1) 孔明笑着对众人说：“周瑜虽然善用计谋，却总瞒不过我的眼睛。我们索性将计就计，叫孙权的妹妹嫁给主公，荆州又万无一失。”

➡

(2) 周瑜聪敏过人，有雄才大略，只是为人心胸狭隘，心眼太小，终究未能成就大事。

➡

4 다음 문장을 자연스러운 중국어로 옮기시오.

(1) 갑자기 딱따기 소리가 한차례 나더니, 성벽 양쪽에서 화살이 빗발처럼 쏟아졌다.

➡

(2) 주유는 듣고, 자신이 계략에 빠졌다는 것을 알고, 급히 말머리를 돌려 돌아갔다.

➡

割须弃袍

周瑜死后，诸葛亮前去吊丧，却遇到老友庞统。
Zhōu Yú sǐ hòu, Zhūgé Liàng qiánqù diàosāng, què yùdào lǎoyǒu Páng Tǒng.

这庞统也是个有志的高人，一直住在江东，过着闲
Zhè Páng Tǒng yě shì ge yǒu zhì de gāorén, yìzhí zhù zài Jiāngdōng, guò zhe xián

散的生活。庞统虽然才智过人，长相却十分古怪，
sǎn de shēnghuó. Páng Tǒng suīrán cáizhì guòrén, zhǎngxiàng què shífēn gǔguài,

曾被鲁肃举荐给孙权，却不受孙权的重视。孔明便
céng bèi Lǔ Sù jǔjiàn gěi Sūn Quán, què bú shòu Sūn Quán de zhòngshì. Kǒngmíng biàn

鼓动他去了刘备那里。
gǔdòng tā qù le Liú Bèi nàli.

庞统到了刘备手下，刘备见他其貌不扬，也不
Páng Tǒng dào le Liú Bèi shǒuxià, Liú Bèi jiàn tā qí mào bù yáng, yě bù

十分看重他，只给了他一个小县令做。庞统一天之
shífēn kànzhòng tā, zhǐ gěi le tā yí ge xiǎo xiànlìng zuò. Páng Tǒng yì tiān zhī

内就把那小县城里积压了几个月的公事都处理完
nèi jiù bǎ nà xiǎo xiànchéngli jīyā le jǐ ge yuè de gōngshì dōu chǔlǐ wán

了，刘备这才知道庞统的才能，便恭恭敬敬地向庞
le, Liú Bèi zhè cái zhīdào Páng Tǒng de cáinéng, biàn gōnggōngjìngjìng de xiàng Páng

统赔罪，还任他为副军师，和孔明一起策划方针大
Tǒng péizuì, hái rèn tā wéi fù jūnshī, hé Kǒngmíng yìqǐ cèhuà fāngzhēn dà

计，训练兵马。
jì, xùnliàn bīngmǎ.

수염을 자르고 군포를 버리다

　주유가 죽은 후, 제갈량은 조문하러 가서, 우연히 옛 친구 방통을 만났다. 이 방통이라는 인물 또한 뜻을 가진 달인으로, 계속 강동에 살면서 한가로이 지내고 있었다. 방통은 비록 재능과 지혜가 뛰어났지만 용모가 아주 기괴하여, 이전에 노숙이 손권한테 추천하였지만, 손권의 중시를 받지 못하였다. 공명이 그를 부추겨 유비한테로 가자고 했다.

　방통이 유비에게로 왔지만, 유비는 그의 용모가 추한 것을 보고, 마찬가지로 그를 그다지 중시하지 않고, 겨우 작은 현의 현령 자리를 내주었다. 방통은 하루 사이에 그 작은 현에 몇 개월 동안 쌓여 있던 공무를 모두 처리해 버렸다. 유비는 그제야 방통의 재능을 알아보고는 공손하게 방통에게 사죄한 다음, 그를 부군사로 임명하여 공명과 함께 방침과 계획을 세우고 군사를 훈련하게 하였다.

吊丧 _ 조상하다, 조문하다 ｜ **高人** _ 명인, 달인, 인격자 ｜ **闲散** _ 한가롭고 자유롭다 ｜ **才智** _ 재능과 지혜 ｜ **长相** _ 용모, 외모 ｜ **古怪** _ 기괴하다, 기이하다 ｜ **举荐** _ (사람을) 추천하다 ｜ **鼓动** _ 선동하다, 부추기다 ｜ **不扬** _ (용모가) 추하다, (풍채가) 보잘 것 없다 ｜ **看重** _ 중시하다 ｜ **积压** _ 쌓이다 ｜ **赔罪** _ 사과하다, 사죄하다 ｜ **策划** _ 획책하다, 계획하다 ｜ **方针** _ 방침

刘备招揽贤才，囤积粮草的消息传到许昌，曹
Liú Bèi zhāolǎn xiáncái, túnjī liángcǎo de xiāoxi chuándào Xǔchāng, Cáo

操就召集众人商量讨伐刘备。谋士们说："周瑜已死，
Cāo jiù zhàojí zhòngrén shāngliang tǎofá Liú Bèi. Móushìmen shuō : "Zhōu Yú yǐ sǐ,

正该去攻打孙权，然后再去讨伐刘备不迟。"可曹
zhèng gāi qù gōngdǎ Sūn Quán, ránhòu zài qù tǎofá Liú Bèi bù chí." Kě Cáo

操又担心西凉的马腾会借机袭击许昌。谋士荀攸
Cāo yòu dānxīn Xīliáng de Mǎ Téng huì jièjī xíjī Xǔchāng. Móushì Xún Yōu

说："要除掉马腾这个祸患也容易。只要丞相假
shuō : "Yào chúdiào Mǎ Téng zhège huòhuàn yě róngyì. Zhǐyào chéngxiàng jiǎ

传一道诏书，只说皇上加封他为将军，一定能把他
chuán yí dào zhàoshū, zhǐ shuō huángshàng jiāfēng tā wéi jiāngjūn, yídìng néng bǎ tā

骗进京城来杀掉。"曹操听了十分欢喜，就派人
piàn jìn jīngchéng lái shādiào." Cáo Cāo tīng le shífēn huānxǐ, jiù pài rén

到西凉去召马腾进京。
dào Xīliáng qù zhào Mǎ Téng jìn jīng.

马腾是汉朝名将的后代，在西凉一带势力非常
Mǎ Téng shì Hàn cháo míngjiàng de hòudài, zài Xīliáng yídài shìlì fēicháng

大。本来他正准备和刘备合作，共同讨伐曹操，却
dà. Běnlái tā zhèng zhǔnbèi hé Liú Bèi hézuò, gòngtóng tǎofá Cáo Cāo, què

不料曹操此时召他进京。马腾明知诏书是假的，只
búliào Cáo Cāo cǐshí zhào tā jìn jīng. Mǎ Téng míngzhī zhàoshū shì jiǎ de, zhǐ

不好说破，送走了曹操的差官，便回后堂和长子马
bù hǎo shuōpò, sòngzǒu le Cáo Cāo de chāiguān, biàn huí hòutáng hé zhǎngzǐ Mǎ

超商量对策。
Chāo shāngliang duìcè.

　유비가 어진 이와 재주 있는 사람을 불러 모으고, 군량과 마초를 사 모은다는 소식이 허창에 전해지자, 조조는 사람들을 소집하여 유비를 토벌하는 것에 대해 상의하였다. 모사들이 말했다. "주유가 이미 죽었으니, 손권을 쳐야 할 때입니다. 그런 후에 다시 유비를 토벌한다고 해도 늦지 않습니다." 그러나 조조는 서량의 마등이 틈을 타서 허창을 습격할 것을 걱정하였다. 모사 순유가 말했다. "마등이라는 골칫덩어리를 제거하는 것은 쉽습니다. 승상께서 거짓으로 조서를 보내, 황제께서 장군으로 봉한다고 하면, 분명 그를 속여서 도성으로 오게 해 죽일 수 있습니다." 조조는 듣고 대단히 기뻐하여, 사람을 서량으로 보내 마등을 도성으로 오도록 불렀다.

　마등은 한나라 명장의 후손으로, 서량 일대에서의 세력이 대단히 컸다. 원래 그는 유비와 협력하여 함께 조조를 토벌하려고 했으나, 뜻밖에도 이때 조조가 그를 도성으로 불렀다. 마등은 조서가 가짜인 걸 분명히 알았지만, 사실대로 말하기가 곤란해, 조조의 사자를 보내고 나서 별당으로 가서 큰 아들 마초와 대책을 상의하였다.

招揽 _ (사람을) 끌어 모으다　|　囤积 _ 사 모으다. 사서 쟁이다　|　讨伐 _ 토벌하다　|　袭击 _ 습격하다, 기습하다　|　祸患 _ 재난, 재해, 재앙　|　诏书 _ 조서 [임금의 선지(宣旨)를 일반에게 널리 알릴 목적으로 적은 문서]　|　加封 _ (봉건사회에서) 임금이 신하에게 토지나 작위를 봉하다　|　说破 _ 누설하다, 폭로하다, 숨김없이 말하다　|　差官 _ 고관(高官)을 시중드는 말직 관리

马超说："曹操奉天子的命令来召父亲，不去
Mǎ Chāo shuō : "Cáo Cāo fèng tiānzǐ de mìnglìng lái zhào fùqīn, bú qù

恐怕他会借机为难我们，不如先去看看他有什么举
kǒngpà tā huì jièjī wéinán wǒmen, bùrú xiān qù kànkan tā yǒu shénme jǔ

动，到时候看情况再行动。"侄子马岱却说："曹操
dòng, dào shíhou kàn qíngkuàng zài xíngdòng." Zhízi Mǎ Dài què shuō : "Cáo Cāo

存心险恶，叔父还是不去的好。"
cúnxīn xiǎn'è, shūfù háishì bú qù de hǎo."

马腾想了想，命马超先代为掌管兵权，镇
Mǎ Téng xiǎng le xiǎng, mìng Mǎ Chāo xiān dàiwéi zhǎngguǎn bīngquán, zhèn

守在西凉，让曹操有所顾忌，自己便和马岱往京城
shǒu zài Xīliáng, ràng Cáo Cāo yǒusuǒ gùjì, zìjǐ biàn hé Mǎ Dài wǎng jīngchéng

来了。谁知马腾刚到京城就中了曹操的埋伏，除了
lái le. Shéi zhī Mǎ Téng gāng dào jīngchéng jiù zhòng le Cáo Cāo de máifú, chú le

马岱拼死逃了回来，其他人全做了曹操的刀下鬼。
Mǎ Dài pīnsǐ táo le huílái, qítā rén quán zuò le Cáo Cāo de dāo xià guǐ.

马岱赶回西凉，向马超诉说了叔父被害的消息，马
Mǎ Dài gǎnhuí Xīliáng, xiàng Mǎ Chāo sùshuō le shūfù bèihài de xiāoxi, Mǎ

超恨得咬牙切齿，发誓要杀死曹操。正在这时，军
Chāo hèn de yǎo yá qiē chǐ, fāshì yào shāsǐ Cáo Cāo. Zhèngzài zhèshí, jūn

士送来刘备的书信。拆开看时，原来刘备也知道了
shì sònglái Liú Bèi de shūxìn. Chāikāi kàn shí, yuánlái Liú Bèi yě zhīdào le

马腾被害的事，愿意率荆州兵马协助马超共同攻
Mǎ Téng bèihài de shì, yuànyì shuài Jīngzhōu bīngmǎ xiézhù Mǎ Chāo gòngtóng gōng

打曹操。
dǎ Cáo Cāo.

마초가 말했다. "조조가 천자의 명령을 받들어 아버지를 불렀으니, 안 가면 기회를 타서 우리들을 난처하게 할 지도 모릅니다. 먼저 가서 그에게 어떤 움직임이 있는지 살피고, 그때 상황을 봐서 다시 행동하는 게 나을 듯 싶습니다." 조카 마대는 다르게 말했다. "조조는 속내가 음흉하니, 숙부께서는 아무래도 안 가시는 게 좋을 듯합니다."

마등은 이리저리 생각하다가, 조조가 함부로 행동하지 못하도록 마초에게 자신을 대신하여 병권을 잡아 서량에 주둔하여 지키라고 명하고, 자신은 마대와 함께 도성으로 왔다. 하지만 마등이 막 도성에 도착하자마자, 죽기살기로 도망쳐 돌아온 마대를 제외하고, 나머지 사람들은 모두 미리 매복해 있던 조조군의 칼 아래 죽임을 당했다. 마대는 서량으로 급히 돌아가 마초에게 숙부가 피살된 소식을 고하였다. 마초는 분하여 이를 바득바득 갈며, 조조를 죽이고 말겠다고 맹세했다. 마침 이때 병사가 유비의 서신을 가지고 왔다. 뜯어보니, 유비도 마등이 살해당한 일을 알고, 형주의 군대를 이끌고 마초와 협력하여 함께 조조를 공격하기를 원하고 있었다.

侄子 _ 조카 (＝侄儿) ｜ 存心 _ 마음씨, 근성 ｜ 险恶 _ 사악하다, 음흉하다 ｜ 掌管 _ 관리하다, 맡아보다, 주관하다 ｜ 顾忌 _ 꺼리다, 망설이다 ｜ 拼死 _ 목숨을 내던지다, 목숨을 걸다 ｜ 刀下鬼 _ 칼에 맞아 죽다 ｜ 诉说 _ 하소연하다, 간곡히 말하다

马超感激不尽，随后就整顿二十万大军，浩浩
Mǎ Chāo gǎnjī bújìn, suíhòu jiù zhěngdùn èrshíwàn dàjūn, hàohào

荡荡地朝许昌杀来。一路上势如破竹，没几天，大
dàngdàng de cháo Xǔchāng shālái. Yílùshang shì rú pò zhú, méi jǐ tiān, dà

兵已经到长安城下。长安太守[1]急忙出城迎战，可他
bīng yǐjing dào Cháng'ān chéng xià. Cháng'ān tàishǒu jímáng chūchéng yíngzhàn, kě tā

哪里是马超的对手，三五个回合便败下阵来，躲进
nǎli shì Mǎ chāo de duìshǒu, sānwǔ ge huíhé biàn bàixià zhèn lái, duǒjìn

城里再不敢出来。
chéngli zài bù gǎn chūlái.

长安城是西汉建都的地方，城墙十分坚固，城
Cháng'ān chéng shì Xīhàn jiàndū de dìfang, chéngqiáng shífēn jiāngù, chéng

外壕沟又深又宽。马超的人马一连攻了十来天都没
wài háogōu yòu shēn yòu kuān. Mǎ Chāo de rénmǎ yìlián gōng le shí lái tiān dōu méi

有攻破。
yǒu gōngpò.

这天，谋士献了一计："长安城里的水苦不能
Zhè tiān, móushì xiàn le yí jì : "Cháng'ān chéngli de shuǐ kǔ bù néng

吃，城里又没有柴火烧，不如这样……"马超听了
chī, chéngli yòu méiyǒu cháihuǒ shāo, bùrú zhèyàng……" Mǎ Chāo tīng le

大喜，马上命令退兵。第二天，太守登城发现马超
dàxǐ, mǎshàng mìnglìng tuìbīng. Dì èr tiān, tàishǒu dēng chéng fāxiàn Mǎ Chāo

的军队都退了，就赶紧让军民出城去砍柴打水，城
de jūnduì dōu tuì le, jiù gǎnjǐn ràng jūnmín chūchéng qù kǎn chái dǎ shuǐ, chéng

门大开，放人出入。
mén dà kāi, fàng rén chūrù.

마초는 감격해 마지않고, 바로 20만 대군을 정비하여 허창을 향해 위풍당당하게 돌격하였다. 파죽지세로 행군하여, 며칠 안 돼 대군은 장안성에 도달하였다. 장안 태수는 황급히 성밖으로 나와 맞서 싸웠지만 마초의 적수가 될 수 없었고, 서너 번 싸우다가 패하여 성안으로 피하고서는 감히 나오지를 못하였다.

장안은 서한이 수도로 삼은 곳으로, 성벽이 아주 견고하고 성 밖의 해자도 깊고 넓었다. 마초의 군대는 열흘 정도 계속 공격했지만 공략하지 못하였다.

하루는, 모사가 계책을 바쳤다. "장안성 안의 물은 써서 마실 수가 없습니다. 성안에는 또한 지필 땔감도 없으니, 이렇게 하시는 게 좋을 듯합니다만……." 마초는 듣고 아주 기뻐하여 즉시 군대를 철수할 것을 명령하였다. 이튿날, 태수가 성에 올라 마초의 군대가 모두 철수한 것을 보고, 급히 병사와 백성들에게 성 밖으로 나가 나무를 하고 물을 길어 오라고 하고는, 성문을 활짝 열어 사람들이 드나들도록 하였다.

1 **太守** : 동한(東漢) 군(郡)의 최고 행정장관으로, 각 군마다 한 사람씩 있었다. 군사·재정·사법의 권한을 위임받고 지방의 실력자를 속관(屬官)으로 등용, 그들의 협력 아래 지방을 다스렸다.

感激不尽 _ 감격해 마지않다　|　整顿 _ 정돈하다, 정비하다　|　势如破竹 _ 파죽지세　|　对手 _ 적수, 호적수　|　建都 _ 수도를 세우다, 수도로 정하다　|　坚固 _ 견고하다, 튼튼하다　|　壕沟 _ 참호, 도랑, 해자　|　攻破 _ 쳐부수다　|　火烧 _ 태우다, 불을 때다　|　砍柴 _ 장작을 패다　|　打水 _ 물을 긷다

到了第五天，有人来报说马超的人马又杀回
Dào le dì wǔ tiān, yǒurén láibào shuō Mǎ Chāo de rénmǎ yòu shā huí

来了，城外挑水砍柴的军民争先恐后地往城里
lái le, chéngwài tiāo shuǐ kǎn chái de jūnmín zhēng xiān kǒng hòu de wǎng chéngli

跑，又把城门紧紧闭了起来。
pǎo, yòu bǎ chéngmén jǐnjǐn bì le qǐlái.

当晚，正在长安军民暗自庆幸躲过一劫时，西
Dàngwǎn, zhèngzài Cháng'ān jūnmín ànzì qìngxìng duǒguò yì jié shí, xī

城门处突然起火，军士正忙乱救火，一人突然跃马
chéng ménchù tūrán qǐhuǒ, jūnshì zhèng mángluàn jiùhuǒ, yì rén tūrán yuèmǎ

举刀大喊："庞德在此。"一刀就把守城的将领砍
jǔ dāo dà hǎn : "Páng Dé zài cǐ." Yì dāo jiù bǎ shǒuchéng de jiànglǐng kǎn

死。此人正是马超的手下，白天趁乱混了进来。救
sǐ. Cǐ rén zhèngshì Mǎ Chāo de shǒuxià, báitiān chèn luàn hùn le jìnlái. Jiù

火的军士不知缘由，还当是马超的人马闯了进来，
huǒ de jūnshì bù zhī yuányóu, hái dāngshì Mǎ Chāo de rénmǎ chuǎng le jìnlái,

纷纷走避。庞德乘机打开城门放马超人马进城，守
fēnfēn zǒu bì. Páng Dé chéngjī dǎkāi chéngmén fàng Mǎ Chāo rénmǎ jìnchéng, shǒu

城的军士见抵挡不住，早从东门逃走了。
chéng de jūnshì jiàn dǐdǎng bu zhù, zǎo cóng dōngmén táozǒu le.

这边，曹操听说丢了长安，就吩咐曹洪、徐
Zhèbiān, Cáo Cāo tīngshuō diū le Cháng'ān, jiù fēnfù Cáo Hóng, Xú

晃："你二人先带一万人去守潼关，一定要坚守十
Huǎng : "Nǐ èr rén xiān dài yíwàn rén qù shǒu Tóngguān, yídìng yào jiānshǒu shí

天，否则你们两个都别想活。"二人领了命令，连夜
tiān, fǒuzé nǐmen liǎng ge dōu bié xiǎng huó." Èr rén lǐng le mìnglìng, liányè

出发，来到潼关。
chūfā, láidào Tóngguān.

닷새 째 되는 날, 누군가가 마초의 병사들이 공격해 온다고 말하여, 성 밖에서 물을 긷고 나무를 하던 병사와 백성들이 앞다투어 성안으로 도망쳐왔고, 다시 성문을 꽉 닫아걸었다.

그날 밤, 장안의 병사와 백성들이 공격을 피했다는 것을 속으로 다행스럽게 여기고 있는 그때, 서쪽 성문이 있는 곳에서 돌연 불이 났다. 병사들이 불을 끄느라고 정신이 없을 때, 한 사람이 갑자기 말을 탄 채 칼을 들고는 "방덕이 여기 있다" 라고 크게 고함치며, 한 칼에 성을 지키던 장수를 베어 죽였다. 이 사람은 바로 마초의 부하로, 낮에 혼란한 틈을 타서 섞여 들어온 것이었다. 불을 끄던 병사들은 그 연유를 몰라, 마초의 병사들이 들이 닥친 줄로 생각해 어지러이 피하였다. 방덕은 틈을 타서 성문을 열고 마초의 병사들을 성에 들어오게 했다. 성을 지키던 병사들은 막을 수 없다고 생각하고, 얼른 동문으로 빠져 나갔다.

한편, 조조는 장안을 잃어버렸다는 말을 듣고, 조홍과 서황에게 명령하였다. "너희 둘은 우선 만 명을 데리고 가서 동관을 지켜라. 반드시 열흘 동안 굳게 지켜야 한다. 그렇지 못하면, 너희들은 살 생각을 하지 말아라." 두 사람은 명령을 받고, 밤새도록 길을 재촉해 동관에 도착했다.

争先恐后 _ 늦을세라[뒤질세라] 앞을 다투다 ┃ **庆幸** _ 다행스럽다 ┃ **忙乱** _ 바빠서 두서가 없다. 엉망이다 ┃ **救火** _ 불을 끄다 ┃ **跃马** _ 말을 질주시키다 ┃ **缘由** _ 이유, 원인, 까닭 ┃ **闯** _ 갑자기 뛰어들다, 돌입하다 ┃ **走避** _ 도피하다 ┃ **坚守** _ 굳게 지키다

到潼关后，二人如曹操吩咐的那样，只是坚守，
Dào Tóngguān hòu, èr rén rú Cáo Cāo fēnfù de nàyàng, zhǐshì jiānshǒu,

并不出战，马超等人日夜不停在城下大骂曹操，直
bìng bù chūzhàn, Mǎ Chāo děng rén rìyè bùtíng zài chéngxià dà mà Cáo Cāo, zhí

连他祖宗三代都骂了出来。曹洪几次忍不住要出城，
lián tā zǔzōng sāndài dōu mà le chūlái. Cáo Hóng jǐ cì rěnbuzhù yào chūchéng,

都被徐晃拦住了。
dōu bèi Xú Huǎng lánzhù le.

到了第九天，曹洪实在忍不住了，又看到马超
Dào le dì jiǔ tiān, Cáo Hóng shízài rěnbuzhù le, yòu kàndào Mǎ Chāo

的士兵都下了马，有的躺着，有的坐着，十分懈怠，
de shìbīng dōu xià le mǎ, yǒude tǎng zhe, yǒude zuò zhe, shífēn xièdài,

就点起三千人马，杀出城来。马超的人马不及上马
jiù diǎnqǐ sānqiān rénmǎ, shāchū chéng lái. Mǎ Chāo de rénmǎ bùjí shàng mǎ

备战，都丢下马匹兵器，转身就跑。曹洪紧紧追赶，
bèizhàn, dōu diūxià mǎpǐ bīngqì, zhuǎnshēn jiù pǎo. Cáo Hóng jǐnjǐn zhuīgǎn,

突然背后喊声大震，马岱带兵冲杀过来。接着一阵
tūrán bèihòu hǎnshēng dà zhèn, Mǎ Dài dài bīng chōngshā guòlái. Jiēzhe yí zhèn

鼓响，一左一右又杀出马超、庞德两队人马。曹军
gǔ xiǎng, yì zuǒ yí yòu yòu shāchū Mǎ Chāo、Páng Dé liǎng duì rénmǎ. Cáo jūn

实在抵挡不住，想逃回关去，怎奈马超的兵马紧紧
shízài dǐdǎng bu zhù, xiǎng táohuí guān qù, zěn nài Mǎ Chāo de bīngmǎ jǐnjǐn

追赶，曹洪、徐晃只好弃关逃走。
zhuīgǎn, Cáo Hóng、Xú Huǎng zhǐhǎo qì guān táozǒu.

　동관에 온 후, 두 사람은 조조가 명령한 것처럼 굳게 지키기만 할 뿐, 전혀 출전하지 않았다. 마초 등 사람들은 밤낮으로 끊임없이 성 아래에서 조조 욕을 퍼부었다. 조조의 조상 3대까지 욕을 하였다. 조홍은 몇 번이나 참지 못하고 성 밖으로 나가려 했으나, 서황이 계속 말렸다.

　9일째 되는 날, 조황은 더 이상 참을 수 없게 되었다. 또 마초의 병사들이 모두 말에서 내려, 드러누워 있는 병사도 있고, 앉아 있는 병사들도 있는 등 매우 태만한 모습을 보이자, 병사 3천을 소집하여 싸우러 성을 나섰다. 마초의 병사들은 말을 타고 싸울 준비를 할 새도 없이, 모두 말과 병기를 버리고 몸을 돌려 달아났다. 조홍이 바짝 추격하고 있는데, 갑자기 등 뒤에서 함성소리가 크게 울리더니, 마대가 병사를 이끌고 싸우러 왔다. 이어서 한바탕 북소리가 울리더니, 왼쪽과 오른쪽에서 마초와 방덕이 이끄는 병사들이 나타났다. 조조군은 더 이상 막지 못해 성으로 도망치려고 했으나, 어찌하랴, 마초의 군대가 바짝 쫓아온 것을. 조홍과 서황은 하는 수 없이 성을 버리고 도망쳤다.

懈怠 _ 게으르다. 태만하다. 나태하다 ┃ **点** _ 소집하다 ┃ **不及** _ 미처 ~도 못하다 ┃ **备战** _ 전쟁 준비를 하다 ┃ **丢下** _ 내버려두다. 방치하다 ┃ **转身** _ 몸을 돌리다 ┃ **怎奈** _ 어찌하랴 (= 无奈)

曹洪、徐晃见了曹操。曹操大怒说："给你们
Cáo Hóng、Xú Huǎng jiàn le Cáo Cāo. Cáo Cāo dà nù shuō : "Gěi nǐmen

十天期限，为什么第九天就丢了潼关？"下令就要
shí tiān qīxiàn, wèishénme dì jiǔ tiān jiù diū le Tóngguān?" Xiàlìng jiùyào

把曹洪斩首。各将领一齐求情，才免了他的死罪。
bǎ Cáo Hóng zhǎnshǒu. Gè jiànglǐng yìqí qiúqíng, cái miǎn le tā de sǐzuì.

曹操带了大军到潼关城下安营扎寨。第二天，双方
Cáo Cāo dài le dàjūn dào Tóngguān chéng xià ānyíng zhāzhài. Dì èr tiān, shuāngfāng

人马都摆开了阵势。曹操一看，只见马超白面红唇，
rénmǎ dōu bǎikāi le zhènshì. Cáo Cāo yí kàn, zhǐ jiàn Mǎ Chāo bái miàn hóng chún,

瘦腰宽膀，声音洪亮，手持一杆长枪，十分威武。
shòu yāo kuān bǎng, shēngyīn hóngliàng, shǒu chí yì gān chángqiāng, shífēn wēiwǔ.

曹操说："你是汉朝名将的子孙，为什么要造反？"
Cáo Cāo shuō : "Nǐ shì Hàn cháo míngjiàng de zǐsūn, wèishénme yào zàofǎn?"

马超咬牙切齿地大骂："你这奸贼！害了我的父亲，
Mǎ Chāo yǎo yá qiē chǐ de dà mà : "Nǐ zhè jiānzéi! Hài le wǒ de fùqīn,

我恨不得吃你的肉，喝你的血！"说完，挺枪直刺
wǒ hènbudé chī nǐ de ròu, hē nǐ de xiě!" Shuō wán, tǐng qiāng zhícì

过来。曹操手下一员大将上前接住，只战了八九个
guòlái. Cáo Cāo shǒuxià yì yuán dàjiàng shàngqián jiēzhù, zhǐ zhàn le bājiǔ ge

回合便败了下来，又有两名大将上前，也被马超一
huíhé biàn bài le xiàlái, yòu yǒu liǎng míng dàjiàng shàngqián, yě bèi Mǎ Chāo yì

枪刺落马下。曹军抵挡不住，纷纷逃跑。
qiāng cì luò mǎ xià. Cáo jūn dǐdǎng bu zhù, fēnfēn táopǎo.

　　조홍과 서황은 조조를 알현했다. 조조는 대노하여 말했다. "너희에게 열흘간의 기한을 줬는데, 어째서 아홉 날 만에 동관을 잃은 거냐?" 명령을 내려 조홍을 참수하라고 하였다. 모든 장수들이 일제히 사정하는 바람에 겨우 죽을죄를 면해 주었다. 조조는 대군을 거느리고 동관성 아래에 막사를 치고 진지를 구축하였다. 이튿날, 양측의 군대가 진형을 벌였다. 조조가 보니, 마초는 흰 얼굴에 붉은 입술을 하고 있었고, 허리는 가늘고 어깨는 넓었으며, 손에 긴 창을 쥐고 있었는데, 대단히 위풍당당하였다. 조조가 말했다. "너는 한나라 명장의 자손인데, 왜 모반을 꾀하느냐?" 마초는 격분하여 이를 부득부득 갈며 욕설을 퍼부었다. "이 간사한 역적 놈아! 우리 아버지를 해치다니, 네 고기를 먹고, 네 피를 마시고야 말테다!" 말을 마치고, 창을 꼿꼿하게 들고 바로 돌격해 들어왔다. 조조의 수하 중 한 장수가 나아가 맞아 싸웠지만, 여덟아홉 회합 만에 졌고, 다른 장수 두 명도 싸우러 갔지만, 마초가 창을 한 번 찌르자 말에서 떨어졌다. 조조군은 막을 수가 없어, 어지러이 도망을 갔다.

下令 _ 명령을 내리다　｜　斩首 _ 참수하다. 머리를 베다　｜　求情 _ 사정하다. 인정에 호소하다　｜　安营扎寨 _ 막사를 치고 진영을 설치하다　｜　白面红春 _ 흰 얼굴과 붉은 입술　｜　瘦腰宽膀 _ 가는 허리와 넓은 어깨　｜　洪亮 _ (소리가) 크고 낭랑하다　｜　奸贼 _ 간적. 간사한 역적　｜　恨不得 _ 간절히 ~하다. ~못하는 것이 한스럽다　｜　挺枪 _ 창을 꼿꼿이 들다

马超领着几百名军士，直朝着曹操杀来。曹操
Mǎ Chāo lǐng zhe jǐbǎi míng jūnshì, zhí cháozhe Cáo Cāo shālái. Cáo Cāo

在乱军之中，听见有人喊："穿红袍的是曹操！"
zài luànjūn zhī zhōng, tīngjiàn yǒurén hǎn : "Chuān hóng páo de shì Cáo Cāo!"

就赶紧把外面的红袍脱下。又听见有人喊："长胡
Jiù gǎnjǐn bǎ wàimian de hóng páo tuōxià. Yòu tīngjiàn yǒurén hǎn : "Cháng hú

子的是曹操！"吓得曹操赶紧用刀把胡子割掉。又
zi de shì Cáo Cāo!" Xià de Cáo Cāo gǎnjǐn yòng dāo bǎ húzi gēdiào. Yòu

听见有人喊："抓住短胡子的曹操！"曹操又慌忙
tīngjiàn yǒurén hǎn : "Zhuāzhù duǎn húzi de Cáo Cāo!" Cáo Cāo yòu huāngmáng

扯了块袍角包在头上。忽然曹操听背后有人骑马赶
chě le kuài páojiǎo bāo zài tóushang. Hūrán Cáo Cāo tīng bèihòu yǒurén qímǎ gǎn

上来，回头一看，正是马超。曹操身边的人如见了
shànglái, huítóu yí kàn, zhèngshì Mǎ Chāo. Cáo Cāo shēnbiān de rén rú jiàn le

神兵神将一般，吓得各自逃命去了。马超大喊："曹
shén bīng shén jiàng yìbān, xià de gèzì táomìng qù le. Mǎ Chāo dà hǎn : "Cáo

贼！看你哪里跑？"曹操吓得马鞭子也掉在了地上。
zéi! Kàn nǐ nǎli pǎo?" Cáo Cāo xià de mǎ biānzi yě diào zài le dìshang.

眼看马超就要追上，曹操慌忙绕树奔逃。
Yǎnkàn Mǎ Chāo jiùyào zhuīshàng, Cáo Cāo huāngmáng rào shù bēntáo.

마초는 군사 수백을 거느리고, 바로 조조를 향해 돌격하였다. 조조는 혼란스러운 군대 속에 있다가, 누군가가 "붉은 전포를 입은 자가 조조다!"라고 고함치는 소리를 듣고, 급히 겉에 입고 있던 붉은 전포를 벗었다. 또 누군가가 "수염을 길게 기른 자가 조조다!"라고 고함치는 소리를 듣고, 조조는 놀라 급히 칼로 수염을 베어버렸다. 그리고 또 누군가가 "짧은 수염을 하고 있는 조조를 잡아라!"라고 고함치는 소리를 듣고, 조조는 황망히 두루마기 자락을 잡아당겨 머리를 감쌌다. 조조는 문득 등 뒤에서 누군가가 말을 타고 쫓아오는 소리를 듣고, 고개를 돌려 보니, 바로 마초였다. 조조 곁에 있던 사람들은 신병과 신장을 본 듯 놀라서 모두 살겠다고 도망쳤다. 마초가 거의 가까이까지 쫓아오자 크게 소리쳤다. "역적 조조야! 어딜 도망가느냐?" 조조는 놀라서 말채찍을 땅에 떨어뜨렸다. 마초가 거의 가까이까지 쫓아오자, 조조는 황망히 나무사이로 빙빙 돌며 도망쳤다.

割掉 _ 베어버리다　❙　**扯** _ 잡아당기다　❙　**袍角** _ 두루마기 자락, 도포 자락　❙　**逃命** _ 목숨만 겨우 건져 도망치다　❙　**鞭子** _ 채찍, 회초리

这时，突然一员大将拦住马超去路，大叫：
Zhèshí, tūrán yì yuán dàjiàng lánzhù Mǎ Chāo qùlù, dà jiào :

"马超住手，曹洪在此！"说着抡刀挡住马超。两
"Mǎ Chāo zhùshǒu, Cáo Hóng zài cǐ!" Shuō zhe lūndāo dǎngzhù Mǎ Chāo. Liǎng

人斗了几十回合，夏侯渊带领人马赶来。马超一个
rén dòu le jǐshí huíhé, Xiàhóu Yuān dàilǐng rénmǎ gǎnlái. Mǎ Chāo yí ge

人怕被围住，只好退走了。
rén pà bèi wéizhù, zhǐhǎo tuìzǒu le.

曹操回营，叹口气说："如果那天杀了曹洪，
Cáo Cāo huí yíng, tàn kǒuqì shuō : "Rúguǒ nàtiān shā le Cáo Hóng,

今天我非死在马超手里不可！"于是重赏曹洪，并
jīntiān wǒ fēi sǐ zài Mǎ Chāo shǒuli bù kě!" Yúshì zhòngshǎng Cáo Hóng, bìng

下令坚守营寨，不许出城。
xiàlìng jiānshǒu yíngzhài, bù xǔ chūchéng.

이때, 갑자기 한 장수가 마초의 진로를 막아서며, 크게 소리쳤다. "마초는 멈추어라. 조홍이 여기 있다." 말하며 칼을 휘둘러 마초를 막았다. 두 사람은 수십 차례 싸웠고, 하후연이 병사를 거느리고 서둘러 왔다. 마초는 혼자인지라 포위당할까봐 두려워, 하는 수 없이 물러갔다.

조조는 진영에 돌아와서, 탄식하며 말했다. "만약 그때 조홍을 죽였다면, 오늘 난 반드시 마초의 손에 죽었을 게야!" 그러고 나서 조홍에게 큰 상을 내리고, 명령을 내려 진영을 굳게 지키고 성을 나가지 말라고 하였다.

抡刀 _ 칼을 휘두르다　｜　重赏 _ 큰 포상

1 **본문을 읽고 다음 물음에 답하시오.**

(1) 刘备首次怎么接待庞统？

    A. 他见庞统的容貌不扬，不十分看重他。

    B. 他一见庞统的才智过人，就任他为副军师。

    C. 他一见庞统，就看重庞统，任他为县令。

(2) 马超为何憎恨曹操？

    A. 因为曹操假传一道诏书，加封他的父亲马腾为将军。

    B. 因为曹操把他的父亲马腾骗进京城杀掉。

    C. 因为曹操妨碍他的父亲马腾和刘备的合作。

(3) 曹洪、徐晃怎么丢了潼关？

    A. 马超的手下庞德，白天趁乱混了进来，打开关门放马超人马进关，夺了潼关。

    B. 曹洪听了马超等人在城下大骂曹操，忍不住出城，结果中了马超的计谋，丢了潼关。

    C. 曹洪看了马超的士兵十分懈怠，杀出城去，结果中了马超的计谋，丢了潼关。

2 **녹음을 듣고 빈칸에 들어갈 말을 써 넣으시오.**

(1) 刘备（　　　）贤才.（　　　）粮草的消息传到许昌,曹操就（　　　）众人商量讨伐刘备。

(2) 长安城是西汉（　　　　）的地方，城墙十分（　　　　），城外（　　　　）
又深又宽。

(3) 于是（　　　　）曹洪，并下令（　　　　）营寨，不许出城。

3　다음 문장을 자연스러운 우리말로 옮기시오.

(1) 谁知马腾刚到京城就中了曹操的埋伏，除了马岱拼死逃了回来，
其他人全做了曹操的刀下鬼。

➡

(2) 到了第五天，有人来报说马超的人马又杀回来了，城外挑水砍柴
的军民争先恐后地往城里跑，又把城门紧紧闭了起来。

➡

4　다음 문장을 자연스러운 중국어로 옮기시오.

(1) 마초는 감격해 마지 않고, 바로 20만 대군을 정비해서, 허창을 향
해 위풍당당하게 돌격하였다.

➡

三国鼎立

马超攻打曹营，几天也没拿下来，难免心浮
Mǎ Chāo gōngdǎ Cáo yíng, jǐ tiān yě méi ná xiàlái, nánmiǎn xīn fú

气躁，又被曹操用一招反间计离散了军心，手下韩
qì zào, yòu bèi Cáo Cāo yòng yì zhāo fǎnjiānjì lísàn le jūnxīn, shǒuxià Hán

遂带兵谋反，马超被迫仓皇应战。这时，曹操的大
Suì dài bīng móufǎn, Mǎ Chāo bèipò cānghuáng yìngzhàn. Zhèshí, Cáo Cāo de dà

军也从四面八方围堵上来，马超拼命杀出重围，往
jūn yě cóng sìmiànbāfāng wéidǔ shànglái, Mǎ Chāo pīnmìng shāchū chóngwéi, wǎng

西边逃去。
xībiān táoqù.

曹操听说马超跑掉了，立刻传令："不分昼
Cáo Cāo tīngshuō Mǎ Chāo pǎodiào le, lìkè chuánlìng : "Bù fēn zhòu

夜，一定要追上马超。得到他的脑袋的，赏千金，
yè, yídìng yào zhuīshàng Mǎ Chāo. Dédào tā de nǎodai de, shǎng qiānjīn,

封万户侯；活捉马超的，封大将军。"众将官听了，
fēng wànhùhóu ; Huózhuō Mǎ Chāo de, fēng dàjiāngjūn." Zhòng jiàngguān tīng le,

都要争功，奋勇追赶。马超人困马乏，最后只得和
dōu yào zhēnggōng, fènyǒng zhuīgǎn. Mǎ Chāo rén kùn mǎ fá, zuìhòu zhǐdé hé

庞德、马岱带了三十余骑兵投奔汉中张鲁去了。
Páng Dé, Mǎ Dài dài le sānshí yú qíbīng tóubèn Hànzhōng Zhāng Lǔ qù le.

삼국이 정립하다

마초는 조조의 진영을 공격하였지만, 며칠이 지나도 공략할 수 없자 마음이 조급해졌다. 또 조조의 이간책으로 군의 사기가 저하되고, 수하인 한수가 병사를 이끌고 모반을 하여, 마초는 아주 다급한 상태에서 싸움에 임했다. 이때, 조조의 대군이 사방에서 협공해 들어와, 마초는 필사적으로 겹겹의 포위를 뚫고, 서쪽으로 달아났다.

조조는 마초가 도망가 버렸다는 것을 듣고, 즉시 명령을 내렸다. "밤낮을 가리지 말고, 반드시 마초를 쫓아야 한다. 마초의 머리를 얻는 자에게는 천금을 상으로 내리고 만호후에 봉할 것이다. 마초를 사로잡는 자에게는 대장군에 봉할 것이다." 모든 장수가 듣고, 모두 서로 공을 차지하고자, 용기를 내어 추격하였다. 마초의 군대는 말도 지치고 사람도 지쳐, 결국 하는 수 없이 방덕 및 마대와 함께 기병 30명을 데리고 한중의 장노에게 투신하였다.

心浮气躁 _ 침착성이 없고 조급하다 | 招 _ 계책, 수단 | 仓皇 _ 어찌할 겨를 없이 매우 급하다, 창황하다 | 围堵 _ 주위를 둘러싸다, 봉쇄하다 | 不分昼夜 _ 밤낮을 가리지 않고 | 争功 _ 쟁공하다, 공을 다투다 | 奋勇 _ 용기를 내다, 용기를 불러일으키다

汉中太守张鲁得知马超被曹操打败，不由十分
Hànzhōng tàishǒu Zhāng Lǔ dézhī Mǎ Chāo bèi Cáo Cāo dǎbài, bùyóu shífēn

心焦，急忙召集众人商议说："曹操打败了马超，
xīnjiāo, jímáng zhàojí zhòngrén shāngyì shuō : "Cáo Cāo dǎbài le Mǎ Chāo,

这次一定会来侵犯我们汉中，大家看如何是好？"
zhècì yídìng huì lái qīnfàn wǒmen Hànzhōng, dàjiā kàn rúhé shì hǎo?"

手下有人提议不如先去取了西川，站稳脚跟，这样
Shǒuxià yǒurén tíyì bùrú xiān qù qǔ le Xīchuān, zhànwěn jiǎogēn, zhèyàng

使曹操畏惧，不敢轻易进犯。
shǐ Cáo Cāo wèijù, bù gǎn qīngyì jìnfàn.

西川的刘璋是个懦弱胆小的人，听说张鲁要来
Xīchuān de Liú Zhāng shì ge nuòruò dǎnxiǎo de rén, tīngshuō Zhāng Lǔ yào lái

攻打，便吓得不行。因为刘备和他同是汉朝的宗亲，
gōngdǎ, biàn xià de bùxíng. Yīnwèi Liú Bèi hé tā tóng shì Hàn cháo de zōngqīn,

因此就派人请刘备前来救援。诸葛亮和庞统都觉得
yīncǐ jiù pài rén qǐng Liú Bèi qiánlái jiùyuán. Zhūgé Liàng hé Páng Tǒng dōu juéde

这是个好时机，便劝刘备乘机夺了西川。
zhè shì ge hǎo shíjī, biàn quàn Liú Bèi chéngjī duó le Xīchuān.

　한중의 태수 장노는 마초가 조조에게 패했다는 소식을 듣고, 저도 모르게 아주 애가 타서, 급히 사람들을 불러 모아 상의하면서 말했다. "조조가 마초를 물리쳤으니, 이번에는 분명 우리 한중을 침범할 것이다. 모두들 어떻게 하는 것이 좋겠소?" 수하 중의 누군가가, 우선 서천을 취하여 형세를 굳건히 하는 게 좋다고 하며, 이렇게 해야 조조가 두려워서 감히 쉽사리 침범하지 못할 것이라고 제의하였다.

　서천의 유장은 겁이 많고 소심한 인물이었다. 장노가 공격해 온다는 말을 듣고, 놀라서 어쩔 줄 몰라 했다. 유비와 그는 같은 한나라의 종친이기 때문에, 사람을 보내 유비에게 와서 도와달라고 요청하였다. 제갈량과 방통은 이것이 좋은 기회라고 생각해, 유비에게 이 기회에 서천을 취하라고 권하였다.

心焦 _ 애타다. 초조하다. 안달하다　┃　提议 _ 제의하다　┃　站稳脚跟 _ 똑바로 서다　┃　进犯 _ 침범하다　┃　懦弱 _ 패기가 없고 연약하다. 용기없고 나약하다　┃　胆小 _ 담이 작다. 소심하다. 겁이 많다　┃　宗亲 _ 종친. 임금의 친척

刘备一是因为刘璋是自己宗亲，二是不肯乘人

之危，便有些犹豫。诸葛亮和庞统劝道："主公的

话虽然很有道理，但如今正是乱世，用兵的道理，

也不能仅遵守一种法则，最好是随机应变。如今东

有孙权，北有曹操，势力都十分大，而西川地广民

富，正是盘踞屯兵的好地方。取了西川，才好与孙、

曹抗衡。"

　　刘备这才下了决心，找了个机会先夺了刘璋的

涪关。消息传来，刘璋慌忙派人去迎战。刘备一路

攻来，势不可挡，转眼已经攻到了成都城下。突然

接到报告，说刘璋和张鲁联盟，张鲁派马超攻打

葭萌关，情况十分危急。

　　张飞听说后大叫道："哥哥，待我去和马超大

战一场！"

유비는 첫째, 유장이 자신의 종친이며, 둘째, 남이 위급할 때 이익을 취하고 싶지 않다는 연유로 주저하였다. 제갈량과 방통이 설득하며 말하였다. "주공의 말씀은 비록 도리에 맞사오나, 지금은 난세이므로, 군대를 부리는 경우에 있어서는, 하나의 법칙만 따를 수는 없사옵니다. 가장 좋은 것은 임기응변입니다. 지금 동쪽에는 손권이, 북쪽에는 조조가 있는데, 모두 세력이 아주 막강합니다. 서천은 땅이 넓고 백성이 많아, 둥지를 틀고 주둔할 수 있는 좋은 곳입니다. 서천을 취해야만, 겨우 손권, 조조에 필적할 만합니다."

유비는 그제서야 결심을 하고, 기회를 봐서 우선 유장의 부관을 취하였다. 소식이 전해지자, 유장은 급히 사람을 보내 맞아 싸우게 했다. 유비가 계속 공격을 가하자 그 거센 기세를 막을 수가 없었고, 순식간에 이미 성도성 아래까지 공격해 왔다. 갑자기 보고를 접하니, 유장과 장노가 연맹을 맺고, 장노가 마초를 보내 가맹관을 공격하게 했다고 말하였다. 정황이 대단히 위급하였다.

장비가 듣고 나서 큰 소리로 말했다. "형님, 제가 가서 마초와 한판 싸워보도록 해주세요!"

孔明只当没听见，对刘备说：“马超厉害，只
Kǒngmíng zhǐ dāng méi tīngjiàn, duì Liú Bèi shuō : "Mǎ Chāo lìhai, zhǐ

有去调关羽来，才能抵挡。”
yǒu qù diào Guān Yǔ lái, cái néng dǐdǎng."

张飞在一旁大嚷：“我曾独挡曹操百万大军，难
Zhāng Fēi zài yìpáng dà rǎng : "Wǒ céng dú dǎng Cáo Cāo bǎiwàn dàjūn, nán

道怕马超匹夫？”
dào pà Mǎ Chāo pǐfū?"

孔明说：“你长坂坡吓退曹军，是因为曹操不
Kǒngmíng shuō : "Nǐ Chángbǎnpō xiàtuì Cáo jūn, shì yīnwèi Cáo cāo bù

知虚实。如今马超的勇猛天下闻名，曾杀得曹操割
zhī xūshí. Rújīn Mǎ Chāo de yǒngměng tiānxià wénmíng, céng shā de Cáo Cāo gē

须弃袍，险些丧命。恐怕关羽也未必胜得过他呢！”
xū qì páo, xiǎnxiē sàngmìng. Kǒngpà Guān Yǔ yě wèibì shèng de guò tā ne!"

张飞不服气地说：“我今天偏要去会会他，如果
Zhāng Fēi bù fúqì de shuō : "Wǒ jīntiān piān yào qù huìhui tā, rúguǒ

我不能胜了马超，任凭军师治罪。”孔明这才答应，
wǒ bù néng shèng le Mǎ Chāo, rènpíng jūnshī zhìzuì." Kǒngmíng zhè cái dāying,

并派魏延同去。
bìng pài Wèi Yán tóng qù.

공명은 못들은 체하며, 유비에게 말했다. "마초는 대단한 사람이니, 관우를 보내야만 막을 수 있습니다."

장비가 옆에서 크게 고함쳤다. "난 이전에 홀로 조조의 백만 대군을 막은 적이 있소. 마초 같은 필부를 두려워할 리가 있겠소?"

공명이 말했다. "장판교에서 조조군을 겁줘서 물러가게 한 것은, 조조가 내막을 몰라서입니다. 지금 마초의 용맹은 천하에 알려져 있습니다. 일찍이 조조가 수염을 자르고 전포를 벗도록 하여 하마터면 목숨을 잃을 뻔하게 했습니다. 관우도 반드시 그를 이긴다고 장담할 수 없습니다!"

장비는 굴복하지 않고 말했다. "오늘 기어코 그를 만나러 가겠소. 만약 내가 마초를 이기지 못하면, 군사가 마음대로 치죄하쇼." 공명은 그제야 응낙을 하고, 위연을 함께 가도록 보냈다.

调 _ 파견하다 ▮ **一旁** _ 곁 옆 근처 (=旁边儿) ▮ **大嚷** _ 크게 고함치다 ▮ **独挡** _ 혼자서 막다 ▮ **匹夫** _ 필부, 평범한 사람 ▮ **吓退** _ 놀라게 해서 물러나게 하다, 위협하여 쫓아버리다 ▮ **虚实** _ 내부 사정, 내막, 허와 실 ▮ **闻名** _ 유명하다 ▮ **险些** _ 자칫하면, 하마터면, 거의 ▮ **丧命** _ 목숨을 잃다 (= 丧生) ▮ **服气** _ 복종하다, 굴복하다 ▮ **会** _ 만나다

张飞等人来到葭萌关下，马超亲自领兵来挑
Zhāng Fēi děng rén láidào Jiāméngguān xià, Mǎ Chāo qīnzì lǐngbīng lái tiǎo

战。刘备见马超白袍银甲，非常威武，心内就十分
zhàn. Liú Bèi jiàn Mǎ Chāo bái páo yín jiǎ, fēicháng wēiwǔ, xīnnèi jiù shífēn

佩服。张飞要出去厮杀，刘备拦住说："先不要去
pèifú. Zhāng Fēi yào chūqù sīshā, Liú Bèi lánzhù shuō : "Xiān bú yào qù

交战，避避他的锐气。"马超到了关下，几次指名
jiāozhàn, bìbì tā de ruìqì." Mǎ Chāo dào le guān xià, jǐ cì zhǐmíng

要张飞出马，张飞几次三番要冲出关去，都被刘备
yào Zhāng Fēi chūmǎ, Zhāng Fēi jǐ cì sān fān yào chōngchū guān qù, dōu bèi Liú Bèi

拦住。
lánzhù.

直到午后，刘备见马超人马都已经十分疲惫，
Zhídào wǔhòu, Liú Bèi jiàn Mǎ Chāo rénmǎ dōu yǐjing shífēn píbèi,

才下令张飞出战。
cái xiàlìng Zhāng Fēi chūzhàn.

两军摆开阵势，张飞大叫："认识燕人张翼德
Liǎng jūn bǎikāi zhènshì, Zhāng Fēi dà jiào : "Rènshi Yān rén Zhāng Yìdé

吗？"马超说："我家是世代的公侯，谁认识你这
ma?" Mǎ Chāo shuō : "Wǒ jiā shì shìdài de gōnghóu, shéi rènshi nǐ zhè

无名的小辈！"张飞大怒，挺枪刺来，马超举枪架
wúmíng de xiǎobèi!" Zhāng Fēi dà nù, tǐng qiāng cì lái, Mǎ chāo jǔ qiāng jià

住，厮杀起来。
zhù, sīshā qǐlái.

两人大战一百多回合，不分胜负。刘备看呆
Liǎng rén dà zhàn yìbǎi duō huíhé, bù fēn shèngfù. Liú Bèi kàn dāi

了，连声赞叹道："真是一对虎将！"
le, liánshēng zàntàn dào : "Zhēn shì yí duì hǔjiàng!"

장비 등이 가맹관에 오자, 마초가 친히 병사를 거느리고 싸우러 왔다. 유비는 하얀 전포와 은색 갑옷을 입은 마초가 대단히 위풍당당한 것을 보고 속으로 매우 탄복하였다. 장비가 싸우러 나가려 하자, 유비가 막으며 말했다. "우선 싸우지 말고, 그의 예봉을 피하거라." 마초가 성 밑으로 와서, 장비를 지명하며 몇 번이나 출전하라고 하였고, 장비가 여러 차례 성 밖으로 진격하려고 했으나, 번번이 유비에게 가로막혔다.

오후가 되자, 유비는 마초의 병사들이 매우 지친 것을 보고, 그제야 장비에게 출전하도록 명령하였다.

양 군대는 진형을 벌였고, 장비는 큰 소리로 외쳤다. "연 땅 사람 장익덕을 아느냐?" 마초가 말했다. "우리 집안은 자손대대로 제후였다. 누가 이름도 없는 너 같은 조무래기를 알겠냐?" 장비는 대노하여, 창을 꼿꼿이 세우고 공격하였고, 마초도 창을 들고 막으며, 싸움이 붙었다.

두 사람은 백여 차례를 싸웠으나, 승부를 가리지 못했다. 유비는 넋을 잃고 보고 있다가, 계속하여 칭찬하며 말하였다. "정말 둘 다 호랑이 같은 장수로다!"

锐气 _ 예기, 날카로운 기세 ┃ 几次三番 _ 재삼재사, 여러 차례 (=几次连番) ┃ 疲惫 _ 완전히 지쳐 버리다 ┃ 公侯 _ 제후 ┃ 小辈 _ 무능한 사람 ┃ 架住 _ 지탱하다 ┃ 看呆 _ 넋을 잃고 바라보다

孔明说："张飞和马超，都是世上的猛将，两
Kǒngmíng shuō : "Zhāng Fēi hé Mǎ Chāo, dōu shì shìshang de měngjiàng, liǎng

人硬拼，必有一伤，不如我用计策叫马超归降了主
rén yìngpīn, bì yǒu yì shāng, bùrú wǒ yòng jìcè jiào Mǎ Chāo guīxiáng le zhǔ

公。"刘备大喜，忙问孔明有什么计策。
gōng." Liú Bèi dàxǐ, máng wèn Kǒngmíng yǒu shénme jìcè.

原来孔明知道张鲁的亲信谋事杨松十分爱财，
Yuánlái Kǒngmíng zhīdào Zhāng Lǔ de qīnxìn móushì Yáng Sōng shífēn ài cái,

偏派人用金银贿赂杨松，要他在张鲁和马超中间
biàn pài rén yòng jīnyín huìlù Yáng Sōng, yào tā zài Zhāng Lǔ hé Mǎ Chāo zhōngjiān

使一点离间计，使张鲁不再信任马超。
shǐ yìdiǎn líjiānjì, shǐ Zhāng Lǔ bú zài xìnrèn Mǎ Chāo.

于是，刘备便守在葭萌关，也不出兵，只等孔
Yúshì, Liú Bèi biàn shǒu zài Jiāméngguān, yě bù chūbīng, zhǐ děng Kǒng

明用计。不久后，离间计取得成功，张鲁疑心马超，
míng yòng jì. Bùjiǔ hòu, líjiānjì qǔdé chénggōng, Zhāng Lǔ yíxīn Mǎ Chāo,

马超也开始憎恨张鲁。随后，马超在他朋友的劝说
Mǎ Chāo yě kāishǐ zēnghèn Zhāng Lǔ. Suíhòu, Mǎ Chāo zài tā péngyou de quànshuō

下，终于投降了刘备。
xià, zhōngyú tóuxiáng le Liú Bèi.

刘备得到马超、马岱兄弟，势力更加强大。在
Liú Bèi dédào Mǎ Chāo, Mǎ Dài xiōngdì, shìlì gèngjiā qiángdà. Zài

马超的帮助下，刘璋也在益州开门投降。从此，刘
Mǎ Chāo de bāngzhù xià, Liú Zhāng yě zài Yìzhōu kāimén tóuxiáng. Cóngcǐ, Liú

备占领了西川地区，建立了蜀国，称汉中王，和曹
Bèi zhànlǐng le Xīchuān dìqū, jiànlì le Shǔguó, chēng Hànzhōng wáng, hé Cáo

操、孙权形成了魏、蜀、吴三国鼎立的局面。
Cāo、Sūn Quán xíngchéng le Wèi、Shǔ、Wú sān guó dǐnglì de júmiàn.

공명이 말했다. "장비와 마초는 둘 다 천하의 맹장입니다. 두 사람이 서로 강하게 맞섰다가는, 반드시 한쪽이 다칩니다. 제가 계책을 써서 마초가 주공께 항복하도록 해 보이겠습니다." 유비는 아주 기뻐, 급히 공명에게 무슨 계책인지 물었다.

알고 보니 공명은 진작부터 장노의 측근인 모사 양송이 재물을 아주 좋아한다는 것을 알고 있었다. 그래서 사람을 보내 금은을 양송에게 뇌물로 주고, 그에게 장노와 마초 사이에서 이간책을 써서 장노가 마초를 더 이상 신임하지 않도록 하게 했다. 그래서 유비는 가맹관을 지키며 출병하지 않고, 오직 공명이 계책을 쓰기만을 기다렸다. 오래지 않아, 이간책이 성공을 거두어, 장노는 마초를 의심하고 마초도 장노를 증오하기 시작했다. 그 후, 마초는 친구의 권고를 듣고, 마침내 유비에게 항복하였다.

유비는 마초, 마대 형제를 얻고, 세력이 더욱 강대해졌다. 마초의 도움으로, 유장 또한 익주에서 성문을 열고 항복하였다. 이로부터 유비는 서천지역을 점령하여 촉나라를 세우고 한중왕이라 칭하였고, 조조 · 손권과 함께 위 · 촉 · 오 삼국이 정립하는 형세를 이루었다.

硬拼 _ 강경하게 맞서다 ｜ 归降 _ 항복하다, 투항하다 ｜ 亲信 _ 측근자, 가까이 여겨서 신임하다 ｜ 爱财 _ 재물을 좋아하다, 재물을 밝히다 ｜ 贿赂 _ 뇌물을 주다 ｜ 离间计 _ 남의 사이를 이간시키는 책략, 이간책 ｜ 憎恨 _ 증오하다, 미워하다 ｜ 局面 _ 국면, 형세

1 본문을 읽고 다음 물음에 답하시오.

(1) 马超军心为何离散了？

A. 因为手下韩遂带兵谋反。

B. 因为马超心浮气躁，一喝醉，就抽打士兵。

C. 因为曹操用了反间计。

(2) 刘备听诸葛亮和庞统的劝告，为何有些犹豫攻打西川？

A. 因为他和西川的刘璋同是汉朝的宗亲。

B. 因为他听到刘璋和张鲁联盟的消息。

C. 因为刘璋请他前来救援。

(3) 孔明究竟用什么计策使马超投降了刘备？

A. 他派张飞用金银贿赂张鲁，使张鲁疑心马超。

B. 他派人用金银贿赂张鲁的谋士杨松，令他在张鲁和马超中间
使一点离间计。

C. 他劝说刘备亲自找马超。

2 녹음을 듣고 빈칸에 들어갈 말을 써 넣으시오.

(1) 这时，曹操的大军也从四面八方（   ）上来，马超（   ）杀
出重围，往西边逃去。

(2) 孔明只当没（   ），对刘备说：“马超（   ），只有去调关羽来，
才能抵挡。”

(3) 张飞在一旁（　　　）：“我曾独挡曹操百万大军，难道怕马超
（　　　）？”

3　다음 문장을 자연스러운 우리말로 옮기시오.

(1) 手下有人提议不如先去取了四川，站稳脚跟，这样使曹操畏惧，
不敢轻易进犯。

➡

(2) 刘备见马超白袍银甲，非常威武，心内就十分佩服。

➡

4　다음 문장을 자연스러운 중국어로 옮기시오.

(1) 오후가 되자, 유비는 마초의 병사들이 매우 지친 것을 보고, 그제
야 장비에게 출전하도록 명령하였다.

➡

水淹七军

刘备称汉中王后，又广积粮草，多造兵器，
Liú Bèi chēng Hànzhōng wáng hòu, yòu guǎng jī liángcǎo, duō zào bīngqì,

准备继续出兵中原。突然接到探子来报，说曹操联
zhǔnbèi jìxù chūbīng Zhōngyuán. Tūrán jiēdào tànzi láibào, shuō Cáo Cāo lián

合东吴，要进攻荆州。刘备急忙请诸葛亮来商议对
hé Dōngwú, yào jìngōng Jīngzhōu. Liú Bèi jímáng qǐng Zhūgé Liàng lái shāngyì duì

策。孔明说："我早料到曹操会有这一手，如今我们
cè. Kǒngmíng shuō : "Wǒ zǎo liàodào Cáo Cāo huì yǒu zhè yì shǒu, rújīn wǒmen

快派关羽去进攻樊城。这样敌人就会不攻自破了。"
kuài pài Guān Yǔ qù jìngōng Fánchéng. Zhèyàng dírén jiù huì bù gōng zì pò le."

关羽、张飞、赵云、马超、黄忠一齐被刘备封
Guān Yǔ、Zhāng Fēi、Zhào Yún、Mǎ Chāo、Huáng Zhōng yìqí bèi Liú Bèi fēng

了"五虎上将"，接到刘备的命令，即刻率领大军
le "Wǔ hǔ shàngjiàng", jiēdào Liú Bèi de mìnglìng, jíkè shuàilǐng dàjūn

杀奔襄阳，没用两天就拿下了襄阳，又乘胜去
shā bēn Xiāngyáng, méi yòng liǎng tiān jiù náxià le Xiāngyáng, yòu chéng shèng qù

攻打樊城。
gōngdǎ Fánchéng.

물로 일곱 군대를 수장시키다

　유비는 한중왕이라고 칭하고 나서, 여기저기서 군량과 마초를 모으고 병기를 대량으로 제작하면서, 계속 중원으로 출병하고자 했다. 갑자기 밀정으로부터 보고가 들어왔는데, 조조가 동오와 연합하여, 형주를 공격해 온다는 것이었다. 유비는 급히 제갈량을 청해 대책을 상의했다. 공명이 말했다. "저는 진작부터 조조가 이러한 계략을 쓸 줄 알고 있었습니다. 지금 우리들은 빨리 관우를 보내 번성을 공격하도록 해야 합니다. 이렇게 하면 적들은 우리가 공격하지 않아도 스스로 궤멸할 것입니다."

　관우·장비·조운·마초·황충은 일제히 유비에게 '오호장군'으로 봉해지고, 유비의 명령을 받고 즉시 대군을 거느리고 양양으로 돌격하였다. 이틀도 되지 않아 양양을 취했고, 승세를 타서 번성을 공격하였다.

料到 _ 미리 내다보다, 예측하다　┃　**一手** _ 수단, 방법, 계략　┃　**不攻自破** _ 공격하지 않아도 스스로 멸망하다, 자멸하다

樊城守将曹仁慌忙向曹操求救。曹操就派
Fánchéng shǒu jiàng Cáo Rén huāngmáng xiàng Cáo Cāo qiújiù. Cáo Cāo jiù pài

于禁为征南将军，庞德为先锋，率领七队人马，前
Yú Jìn wéi zhēng nán jiāngjūn, Páng Dé wéi xiānfēng, shuàilǐng qī duì rénmǎ, qián

去救援樊城。
qù jiùyuán Fánchéng.

这时，有人对曹操说："庞德原是马超的手下，
Zhèshí, yǒurén duì Cáo Cāo shuō : "Páng Dé yuán shì Mǎ Chāo de shǒuxià,

现在马超是刘备的五虎将。让庞德做先锋，靠得住
xiànzài Mǎ Chāo shì Liú Bèi de wǔ hǔ jiàng. Ràng Páng Dé zuò xiānfēng, kào de zhù

吗？"曹操一听有道理，就叫庞德交出先锋印。庞
ma?" Cáo Cāo yì tīng yǒu dàolǐ, jiù jiào Páng Dé jiāochū xiānfēng yìn. Páng

德问为什么，曹操说："你从前的主人马超现在是
Dé wèn wèishénme, Cáo Cāo shuō : "Nǐ cóngqián de zhǔrén Mǎ Chāo xiànzài shì

刘备的手下，就是我不怀疑你，别人也难免议论。"
Liú Bèi de shǒuxià, jiùshì wǒ bù huáiyí nǐ, biérén yě nánmiǎn yìlùn."

庞德一听，跪在地上，把头都磕出血，对曹操
Páng Dé yì tīng, guì zài dìshang, bǎ tóu dōu kēchū xiě, duì Cáo Cāo

说："我感激您的恩德，总想拿出命来报答，大王
shuō : "Wǒ gǎnjī nín de ēndé, zǒng xiǎng náchū mìng lái bàodá, dàwáng

怎么还信不过我呢？"曹操见他诚心诚意，也就
zěnme hái xìn bu guò wǒ ne?" Cáo Cāo jiàn tā chéng xīn chéng yì, yě jiù

让他继续做了先锋。庞德来到樊城后，和关羽一交
ràng tā jìxù zuò le xiānfēng. Páng Dé láidào Fánchéng hòu, hé Guān Yǔ yì jiāo

手，果然没有辜负曹操的期望，虽然没有杀死关羽，
shǒu, guǒrán méiyǒu gūfù Cáo Cāo de qīwàng, suīrán méiyǒu shāsǐ Guān Yǔ,

可用箭把关羽射伤了。
kě yòng jiàn bǎ Guān Yǔ shè shāng le.

　번성을 지키던 장수 조인은 급히 조조에게 구원을 요청하였다. 조조는 우금을 정남장군으로 삼고 방덕을 선봉으로 삼아, 일곱 부대의 인마를 거느리고 번성을 구하도록 보냈다.

　이때 누군가가 조조에게 말했다. "방덕은 원래 마초의 수하입니다. 지금 마초는 유비의 오호장군입니다. 방덕을 선봉으로 삼으면 믿을 수 있겠습니까?" 조조는 듣고 일리가 있다고 생각하여, 방덕에게 선봉 인장을 내놓으라고 하였다. 방덕이 그 이유를 물으니, 조조가 말했다. "너의 이전 주인 마초는 지금 유비의 수하이다. 설사 내가 널 의심하지 않더라도, 다른 사람이 왈가왈부하니 어쩔 수 없다."

　방덕은 듣고 땅에 무릎을 꿇고는, 머리를 땅에 박아 피를 흘리며 조조에게 말했다. "대왕의 은덕에 감격하여, 늘 목숨을 걸고 보답하려 했는데, 대왕께서는 어찌 아직도 저를 믿을 수 없다 하십니까?" 조조는 그의 성심성의를 다하는 모습을 보고, 계속 선봉을 맡도록 하였다. 방덕이 번성에 온 후, 관우와 맞붙어 싸웠는데, 과연 조조의 기대를 저버리지 않았다. 비록 관우를 죽이진 못했지만, 활을 쏴 관우에게 상처를 입혔던 것이었다.

求救 _ 구조를 요청하다, 구조를 간청하다　｜　靠得住 _ 믿을 만하다, 신용할 수 있다　｜　先锋印 _ 선봉군의 도장, 선봉을 증명하는 도장　｜　难免 _ 불가피하다, 피할 수 없다　｜　议论 _ 의론하다, 비평하다, 왈가왈부하다　｜　磕 _ 부딪치다　｜　交手 _ 맞붙어서 싸우다, 백병전을 하다　｜　期望 _ 기대, 바람

庞德还想乘胜追击，可于禁却怕他抢了自己的
Páng Dé hái xiǎng chéng shèng zhuījī, kě Yú Jìn què pà tā qiǎng le zìjǐ de

功劳，不肯答应。他派庞德驻扎在山谷后边，自己
gōngláo, bù kěn dāying. Tā pài Páng Dé zhùzhā zài shāngǔ hòubiān, zìjǐ

却在前边安寨，使庞德不能进攻。
què zài qiánbiān ān zhài, shǐ Páng Dé bù néng jìngōng.

这时正是八月雨季，一连下了好多天的大雨。
Zhèshí zhèng shì bā yuè yǔjì, yìlián xià le hǎoduō tiān de dàyǔ.

于禁的手下对他说："现在秋雨不停，我军驻扎在
Yú Jìn de shǒuxià duì tā shuō : "Xiànzài qiūyǔ bù tíng, wǒ jūn zhùzhā zài

川口低洼的地方，如果江水暴涨泛滥，不是十分危
chuānkǒu dīwā de dìfang, rúguǒ jiāngshuǐ bàozhǎng fànlàn, bú shì shífēn wēi

险吗？"于禁一听大怒说："你好大胆子，竟敢扰
xiǎn ma?" Yú Jìn yì tīng dà nù shuō : "Nǐ hǎo dà dǎnzi, jìnggǎn rǎo

乱军心！以后再有这样胡说的人，立刻给我推出去
luàn jūnxīn! Yǐhòu zài yǒu zhèyàng húshuō de rén, lìkè gěi wǒ tuī chūqù

斩了。"众人见于禁不听，只得和庞德商量。庞德
zhǎn le." Zhòngrén jiàn Yú Jìn bù tīng, zhǐdé hé Páng Dé shāngliang. Páng Dé

觉得这话有道理，准备第二天就把营寨移到别的地
juéde zhè huà yǒu dàolǐ, zhǔnbèi dì èr tiān jiù bǎ yíngzhài yídào biéde dì

方去。
fang qù.

　　방덕은 승세를 타서 추격하려고 했으나, 우금은 자신의 공로를 방덕에게 빼앗길까 두려워 응낙하지 않았다. 그는 방덕을 산골짜기 뒤에 주둔하도록 보내고, 자신은 앞쪽에서 진영을 설치하여, 방덕이 공격할 수 없도록 하였다.

　　이때는 마침 음력 8월 장마 때로, 연일 큰 비가 계속 내렸다. 우금의 수하가 우금에게 말했다. "지금 가을비가 그치지 않고 있습니다. 우리 군대는 강 입구의 저지대에 주둔하고 있습니다. 만약 강물이 불어나 범람하면 대단히 위험하지 않겠습니까?" 우금은 듣고 크게 화를 내며 말했다. "너 정말 간이 부었구나. 감히 군의 사기를 어지럽히다니! 앞으로 다시 이런 허튼 소리를 하는 놈이 있으면, 즉시 끌어내어 목을 칠 줄 알아라." 사람들이 우금이 듣지 않는 것을 보고, 하는 수 없이 방덕과 상의하였다. 방덕은 이 말이 일리가 있다고 생각해, 그 다음날 진영을 다른 곳으로 옮기려고 하였다.

安寨 _ 진영을 설치하다　┃　雨季 _ 우계, 우기, 장마　┃　低洼 _ 지대가 낮다, 저지대　┃　暴涨 _ (강물 따위가) 불어나다　┃　泛滥 _ 범람하다　┃　竟敢 _ 감히　┃　扰乱 _ 어지럽히다, 혼란하게 하다

谁知这天夜里，关羽派人已经把各处水口拦
Shéi zhī zhè tiān yèli, Guān Yǔ pài rén yǐjing bǎ gèchù shuǐkǒu lán

住，等水一涨高，让军士们把堤坝一下子决开了。
zhù, děng shuǐ yì zhǎng gāo, ràng jūnshìmen bǎ dībà yíxiàzi juékāi le.

庞德在寨中正想着明天转营的事，突然听见外
Páng Dé zài zhài zhōng zhèng xiǎng zhe míngtiān zhuǎn yíng de shì, tūrán tīngjiàn wài

面一声轰响，就像万马奔腾一样。他大吃一惊，急
mian yìshēng hōngxiǎng, jiù xiàng wàn mǎ bēnténg yíyàng. Tā dà chī yì jīng, jí

忙出营寨查看，只见大水从四面八方涌来。军士喊
máng chū yíngzhài chákàn, zhǐ jiàn dàshuǐ cóng sìmiànbāfāng yǒnglái. Jūnshì hǎn

叫着，东奔西跑，不少人已经被卷进了水里。庞德
jiào zhe, dōng bēn xī pǎo, bù shǎo rén yǐjing bèi juǎnjìn le shuǐli. Páng Dé

和于禁带领众将急忙逃到附近的小山上。天亮后，
hé Yú Jìn dàilǐng zhòng jiàng jímáng táodào fùjìn de xiǎo shānshang. Tiān liàng hòu,

关羽带兵乘船围住小山。于禁一看身边只剩下几
Guān Yǔ dài bīng chéngchuán wéizhù xiǎo shān. Yú Jìn yí kàn shēnbiān zhǐ shèngxià jǐ

十个人，战不能战，逃不能逃，就投降了。
shí ge rén, zhàn bù néng zhàn, táo bù néng táo, jiù tóuxiáng le.

庞德见关羽过来，却一点也不害怕，举起手中
Páng Dé jiàn Guān Yǔ guòlái, què yìdiǎn yě bú hàipà, jǔqǐ shǒu zhōng

的钢刀，准备迎战。关羽命令军士放箭，一会儿工
de gāngdāo, zhǔnbèi yíngzhàn. Guān Yǔ mìnglìng jūnshì fàngjiàn, yíhuìr gōng

夫，庞德身边的士兵已经被射死了大半，手下对庞
fū, Páng Dé shēnbiān de shìbīng yǐjing bèi shè sǐ le dàbàn, shǒuxià duì Páng

德说："军士死伤过半，四面又被洪水包围，不如
Dé shuō : "Jūnshì sǐshāng guò bàn, sìmiàn yòu bèi hóngshuǐ bāowéi, bùrú

投降吧！"
tóuxiáng ba!"

하지만 누가 알았겠는가. 이날 밤에, 관우가 미리 사람을 보내 물 입구를 모두 막고 있다가, 물이 불어난 다음 병사들에게 제방을 한꺼번에 무너뜨리게 할 줄을. 방덕은 마침 진영에서 내일 진영을 옮길 일을 생각하고 있었는데, 갑자기 밖에서 수많은 말들이 내닫는 것처럼 쿵쾅거리는 소리가 들렸다. 방덕은 크게 놀라 급히 진영을 나가 살펴보니, 큰물이 사방팔방에서 솟구쳐 밀려오는 것이 보였다. 병사들은 고함을 지르면서 여기저기로 달아났고, 이미 많은 사람들이 물속으로 휩쓸려 들어갔다. 방덕과 우금은 장수들을 거느리고 급히 부근에 있는 작은 산으로 도망갔다. 날이 밝은 후, 관우는 병사를 이끌고 배를 타고 작은 산을 포위했다. 우금이 보니 그의 곁에는 단지 몇 십 명밖에 남지 않아, 싸우려 해도 싸울 수 없고, 도망가려 해도 도망갈 수가 없어, 그냥 항복하였다.

방덕은 관우가 오는 걸 보고도 조금도 두려워하지 않고, 수중의 강철 칼을 들고 맞서 싸우려고 하였다. 관우는 병사들에게 활을 쏘라고 명령했다. 잠깐 만에 방덕 곁에 있던 병사들이 태반이나 화살에 맞아 죽었다. 수하가 방덕에게 말했다. "병사들 중 죽고 다친 자가 태반이나 되고, 사방은 불어난 물로 포위되어 있으니, 차라리 항복하는 게 낫겠습니다!"

水口 _ 물의 입구 ┃ 涨高 _ 물이 불어나다. 수위가 높아지다 ┃ 堤坝 _ 제방 (＝堤防) ┃ 决开 _ (강둑·제방이) 무너지다. 터지다 ┃ 轰响 _ 쾅, 우르르, 쿵쾅 [폭음·우뢰 등의 의성어] ┃ 奔腾 _ (많은 말들이) 내닫다. 내달리다 ┃ 查看 _ 조사하다. 검사하다. 점검하다 ┃ 涌来 _ 물이 솟아나다 ┃ 卷 _ 휩쓸리다. 휘말리다 ┃ 钢刀 _ 강철 칼

庞德一听大怒："我受魏王的恩惠，怎能变节投
Páng Dé yì tīng dà nù : "Wǒ shòu Wèi wáng de ēnhuì, zěn néng biànjié tóu

降！"说完挥刀砍死了劝降的手下，又对军士们
xiáng!" Shuō wán huī dāo kǎn sǐ le quànxiáng de shǒuxià, yòu duì jūnshìmen

说："我只听说过'勇将不怕死，壮士不投降'，今
shuō : "Wǒ zhǐ tīngshuō guo 'Yǒng jiàng bú pà sǐ, zhuàngshì bù tóuxiáng', jīn

天我们要决一死战。"于是，军士们奋勇拼杀。庞
tiān wǒmen yào jué yì sǐ zhàn." Yúshì, jūnshìmen fènyǒng pīnshā. Páng

德乘机夺了一条小船，正想往樊城划去，却被一
Dé chéngjī duó le yì tiáo xiǎo chuán, zhèng xiǎng wǎng Fánchéng huáqù, què bèi yí

个大木筏撞翻，庞德也落入水中，被关羽的手下
ge dà mùfá zhuàng fān, Páng Dé yě luòrù shuǐ zhōng, bèi Guān Yǔ de shǒuxià

活捉了。
huózhuō le.

关羽让人把庞德带回营帐，只见庞德横眉怒
Guān Yǔ ràng rén bǎ Páng Dé dàihuí yíngzhàng, zhǐ jiàn Páng Dé héng méi nù

目，挺胸站着。关羽便说："你从前的主人马超现
mù, tǐng xiōng zhàn zhe. Guān Yǔ biàn shuō : "Nǐ cóngqián de zhǔrén Mǎ Chāo xiàn

在是汉中王的手下大将，你还不投降吗？"庞德
zài shì Hànzhōng wáng de shǒuxià dàjiàng, nǐ hái bù tóuxiáng ma?" Páng Dé

说："我宁愿死也决不投降！"接着便骂起来。关
shuō : "Wǒ nìngyuàn sǐ yě jué bù tóuxiáng!" Jiēzhe biàn mà qǐlái. Guān

羽大怒，下令把庞德推出去斩了。庞德受刑时，
Yǔ dà nù, xiàlìng bǎ Páng Dé tuī chūqù zhǎn le. Páng Dé shòu xíng shí,

依然面不改色。关羽钦佩他的英勇，便叫军士把他
yīrán miàn bù gǎisè. Guān Yǔ qīnpèi tā de yīngyǒng, biàn jiào jūnshì bǎ tā

厚葬了。
hòuzàng le.

방덕은 듣고 크게 화를 냈다. "난 위왕의 은혜를 입은 몸, 어찌 변절하여 항복할 수 있단 말이냐!" 말을 하고는 항복을 권하던 수하를 베어 죽였다. 그리고 병사들에게 말했다. "나는 '용장은 죽는 걸 두려워하지 않고, 장사는 항복하지 않는다'라는 말을 들어봤을 뿐이다. 오늘 우리 죽기살기로 싸워 보자." 그래서 병사들은 용기를 내어 죽을 각오로 싸웠다. 방덕이 기회를 타서 작은 배를 빼앗아 막 번성으로 저어가려고 하였는데, 큰 뗏목에 부딪혀 배가 뒤집히게 되었다. 방덕은 물 속에 빠져, 관우의 수하에게 사로잡혔다.

관우는 방덕을 진영의 막사로 데리고 오게 해서 보니, 방덕은 눈을 부라린 채로, 가슴을 쫙 펴고 서 있었다. 관우가 말했다. "너의 이전 주인 마초는 지금 한중왕의 수하로 있는 장수이다. 넌 그래도 항복하지 않겠느냐?" 방덕이 말했다. "차라리 죽을지언정 결코 항복하지 않겠다!" 말하고 나서 욕을 하기 시작했다. 관우는 대노하여, 방덕을 끌고나가 참수하라고 명령하였다. 방덕은 형벌을 받을 때, 의연하여 얼굴 빛 하나 변하지 않았다. 관우는 그의 용감함에 탄복하여, 병사를 시켜 그를 후하게 장사지내도록 하였다.

恩惠 _ 은혜 ┃ 变节 _ 변절하다. 전향하다 ┃ 木筏 _ 뗏목 ┃ 撞翻 _ 충돌하여 뒤집히다 ┃ 横眉怒目 _ 화가 나서 눈을 부라리다. 사나운 표정을 짓다 ┃ 挺胸 _ 가슴을 펴다. 가슴을 쑥 내밀다 ┃ 宁愿 _ 차라리 (~할 지 언정) ┃ 受刑 _ 형벌을 받다 ┃ 依然 _ 의연하다. 전과 다름이 없다 ┃ 面不改色 _ 얼굴 빛 하나 변하지 않다 ┃ 钦佩 _ 우러러 탄복하다 ┃ 厚葬 _ 후하게 장사지내다

关羽歼灭于禁和庞德后，又去攻打樊城，结果
Guān Yǔ jiānmiè Yú Jìn hé Páng Dé hòu, yòu qù gōngdǎ Fánchéng, jiéguǒ

樊城没攻下，自己却被城上的弓弩手射了一箭。回
Fánchéng méi gōngxià, zìjǐ què bèi chéngshang de gōngnǔshǒu shè le yí jiàn. Huí

到营寨，拔出箭头，才发现是枝毒箭。这时毒已入
dào yíngzhài, báchū jiàntóu, cái fāxiàn shì zhī dújiàn. Zhèshí dú yǐ rù

骨，关羽整个右臂发青发肿，已经不能活动。众人
gǔ, Guān Yǔ zhěnggè yòubì fā qīng fā zhǒng, yǐjing bù néng huódòng. Zhòngrén

看他伤得不轻，都劝关羽回荆州养伤，谁知关羽
kàn tā shāng de bù qīng, dōu quàn Guān Yǔ huí Jīngzhōu yǎngshāng, shéi zhī Guān Yǔ

执意不肯。
zhíyì bù kěn.

这天，从江东来了一人，须发斑白，面色红
Zhè tiān, cóng Jiāngdōng lái le yì rén, xūfà bānbái, miànsè hóng

润，两脚生风。他自我介绍说："我是谯郡人，姓
rùn, liǎng jiǎo shēngfēng. Tā zìwǒ jièshào shuō : "Wǒ shì Qiáojùn rén, xìng

华名佗，久闻关羽将军大名，听说将军中了毒箭，
Huá míng Tuó, jiǔ wén Guān Yǔ jiāngjūn dàmíng, tīngshuō jiāngjūn zhòng le dújiàn,

特来医治。"
tè lái yīzhì."

　관우는 우금과 방덕을 섬멸한 후, 다시 가서 번성을 공격하였으나, 결국은 번성을 공략하지 못한 채 자신은 성 위의 궁수에게 화살 한 대를 맞았다. 진영에 돌아와, 화살촉을 뽑아보니, 독화살이었다. 이때 독은 이미 뼈 속까지 스며들어, 관우의 오른쪽 팔 전체가 푸르스름하고 부어올라 움직일 수가 없었다. 사람들은 그의 상처가 가볍지 않은 것을 보고, 모두 관우에게 형주로 돌아가 상처를 치료하라고 권하였다. 하지만 관우는 고집을 부리며 그렇게 하지 않았다.

　어느 날 강동에서 한 사람이 찾아왔다. 수염과 머리카락이 희끗희끗하고, 얼굴빛은 불그스레하였고, 두 발이 재빨랐다. 그는 자기를 소개하며 말했다. "저는 초군 사람으로, 성은 화이고 이름은 타입니다. 오래전부터 관우 장군의 함자를 들어왔습니다. 장군께서 독화살을 맞으셨다길래, 일부러 치료하러 왔습니다."

歼灭 _ 섬멸하다. 몰살하다　｜　弓弩手 _ 궁수. 사수　｜　拔 _ 뽑다. 빼다　｜　毒箭 _ 독화살　｜　入骨 _ 뼈에 이르다　｜　发肿 _ 부어오르다　｜　养伤 _ 상처를 치료하다. 요양하다　｜　执意 _ 자신의 견해를 고집하다　｜　须发斑白 _ 수염과 머리가 희끗희끗하다　｜　生风 _ 재빠르다　｜　医治 _ 치료하다

众人早听说他是神医，又惊又喜，便带他
Zhòngrén zǎo tīngshuō tā shì shényī, yòu jīng yòu xǐ, biàn dài tā

来见关羽。华佗让关羽脱去衣袍，见右臂已经红肿
lái jiàn Guān Yǔ. Huá Tuó ràng Guān Yǔ tuōqù yīpáo, jiàn yòubì yǐjing hóngzhǒng

发亮。华佗说："箭头有乌头之药，毒气已经侵入
fāliàng. Huá Tuó shuō : "Jiàntóu yǒu wūtóu zhī yào, dúqì yǐjing qīnrù

了骨头，如果不早治疗，不仅保不住右臂，恐怕性
le gǔtou, rúguǒ bù zǎo zhìliáo, bùjǐn bǎo bu zhù yòubì, kǒngpà xìng

命也有危险。"
mìng yě yǒu wēixiǎn."

大家便问："还治得治不得？"
Dàjiā biàn wèn : "Hái zhì de zhì bu de?"

华佗说："现在从外面用药已经没用了，有一
Huá Tuó shuō : "Xiànzài cóng wàimian yòng yào yǐjing méi yòng le, yǒu yì

种办法，只是恐怕将军害怕！"
zhǒng bànfǎ, zhǐshì kǒngpà jiāngjūn hàipà!"

关羽笑着说："死我都不怕，还怕治病吗？"
Guān Yǔ xiào zhe shuō : "Sǐ wǒ dōu bú pà, hái pà zhìbìng ma?"

华佗说："要找个僻静地方，埋上一根木桩，
Huá Tuó shuō : "Yào zhǎo ge pìjìng dìfang, máishàng yì gēn mùzhuāng,

木桩上钉个铁环，将军把手臂套在环里，用绳子系
mùzhuāngshang dīng ge tiěhuán, jiāngjūn bǎ shǒubì tào zài huánli, yòng shéngzi jì

紧。再用被子把头蒙住。我用尖刀割开皮肉，一直
jǐn. Zài yòng bèizi bǎ tóu méngzhù. Wǒ yòng jiāndāo gēkāi píròu, yìzhí

露出骨头，刮去骨头上的箭毒，敷上药，用线缝好
lòuchū gǔtou, guāqù gǔtoushang de jiàn dú, fūshàng yào, yòng xiàn féng hǎo

刀口，才能治好。"
dāokǒu, cái néng zhì hǎo."

사람들은 그가 명의라는 것을 일찍부터 들어서, 놀랍기도 하고 기쁘기도 하여, 바로 그를 관우에게 데리고 갔다. 화타가 관우의 옷을 벗기니, 오른쪽 팔이 붉게 부어올라 번들번들하였다. 화타가 말했다. "화살촉에 오독이 발라져 있어, 독기가 이미 뼈 속까지 스며들었습니다. 만약 일찍 치료하지 않으시면, 오른팔을 영영 쓰지 못할 뿐 아니라, 아마 목숨까지도 위태로울 것입니다."

모두들 물었다. "그러면 치료할 수 있겠습니까?"

화타가 말했다. "지금은 겉에서 약을 쓰는 것은 이미 소용이 없습니다. 방법이 하나 있는데, 장군께서 겁낼 것 같습니다만!"

관우가 웃으며 말했다. "죽는 것도 두렵지 않는데, 그까짓 치료를 겁낼 것 같은가?"

화타가 말했다. "조용한 곳을 찾아, 말뚝을 박고, 말뚝에 쇠고리를 박은 후, 장군께서는 팔뚝을 쇠고리에 넣고, 줄로 단단히 매십시오. 또 이불로 머리를 덮으십시오. 제가 날카로운 칼로 뼈가 드러날 만큼 살을 찢을 겁니다. 뼈 위에 있는 화살 독을 긁어내고 약을 바른 다음, 실로 칼자국을 꿰매면 나을 수 있습니다."

衣袍 _ 도포, 두루마기　┃　紅肿 _ 붉게 부어오르다　┃　发亮 _ 빛나다. 번들번들하다　┃　乌头之药 _ 바꽃 혹은 오두로 만든 약　┃　僻静 _ 으슥하다. 외지고 조용하다　┃　埋 _ 묻다　┃　木桩 _ 말뚝　┃　钉 _ 못 등으로 물건을 일정한 위치에 고정시키다　┃　铁环 _ 굴렁쇠. 쇠고리　┃　套 _ 포개다. 겹쳐 걸다　┃　系紧 _ 꽉 묶다. 꽁꽁 동여매다　┃　被子 _ 이불　┃　割开 _ 세로로 쪼개다 [가르다]　┃　敷 _ 바르다. 칠하다　┃　缝 _ 꿰매다

关羽听完，笑着说："不就是割开皮肉吗？还
Guān Yǔ tīng wán, xiào zhe shuō : "Bú jiùshì gēkāi píròu ma? Hái

用什么木桩铁环！"说完，便伸出胳膊叫华佗动
yòng shénme mùzhuāng tiěhuán!" Shuō wán, biàn shēnchū gēbo jiào Huá Tuó dòng

刀，自己仍和人下棋。
dāo, zìjǐ réng hé rén xiàqí.

华佗动手割开皮肉，直到骨头。只见骨头已经
Huá Tuó dòngshǒu gēkāi píròu, zhídào gǔtou. Zhǐ jiàn gǔtou yǐjing

发青，华佗用刀片刮骨，发出咯吱咯吱的声音。旁
fā qīng, Huá Tuó yòng dāopiàn guā gǔ, fāchū gēzhīgēzhī de shēngyīn. Páng

边的人都吓得捂上了眼睛，关羽却照样有说有
biān de rén dōu xià de wǔshàng le yǎnjing, Guān Yǔ què zhàoyàng yǒu shuō yǒu

笑，和人下棋，好像一点也不疼的样子。
xiào, hé rén xiàqí, hǎoxiàng yìdiǎn yě bù téng de yàngzi.

华佗扎好伤口，钦佩地说："我当了一辈子的
Huá Tuó zhā hǎo shāngkǒu, qīnpèi de shuō : "Wǒ dāng le yíbèizi de

医生，治了无数的病人，从来没有见过像将军这样
yīshēng, zhì le wúshù de bìngrén, cónglái méiyǒu jiàn guo xiàng jiāngjūn zhèyàng

的。"众人看到地上一盆殷红的血，都惊讶得说不
de." Zhòngrén kàndào dìshang yì pén yīnhóng de xiě, dōu jīngyà de shuō bu

出话来。
chū huà lái.

胳膊 _ 팔 ｜ 下棋 _ 장기 혹은 바둑을 두다 ｜ 刮骨 _ 뼈를 칼날로 깍다 ｜ 咯吱咯吱 _ 삐걱삐걱 ｜
照样 _ 여전히 ~하다 ｜ 有说有笑 _ 웃음꽃을 피우며 즐겁게 이야기하다 ｜ 扎 _ 묶다, 매다, 동여매
다 ｜ 伤口 _ 상처 ｜ 一辈子 _ 한평생, 일생 ｜ 殷红 _ 짙고 검붉은 색, 진홍색

관우는 듣고 나서, 웃으며 말했다. "겨우 살을 찢는다는 것이 아닌가? 무슨 말뚝이니 쇠고리니 이런 게 필요한가!" 말하고 나서, 바로 팔을 내밀어 화타에게 칼을 대라 하고, 자신은 계속해서 바둑을 두었다.

화타는 뼈가 드러날 만큼 살을 찢었다. 뼈는 이미 푸르스름한 색을 띠고 있었다. 화타가 칼로 뼈를 긁으니, 바각바각 하는 소리가 났다. 옆에 있던 사람들은 모두 놀라 눈을 가렸으나, 관우는 여전히 즐겁게 웃고 이야기하며 바둑을 두었는데, 하나도 아프지 않은 듯 보였다.

화타는 상처를 동여매고는, 탄복하며 말했다. "제가 한평생 의사 일을 하며, 무수한 병자를 치료했지만, 여태까지 장군 같은 분을 뵌 적이 없습니다." 사람들은 검붉은 피가 땅에 흥건한 것을 보고 놀라서 말조차 하지 못하였다.

1 본문을 읽고 다음 물음에 답하시오.

(1) 曹操为何事先派庞德为先锋，然后突然叫庞德交出先锋印？

    A. 因为他的手下都不喜欢庞德，诬告庞德会背叛。

    B. 因为他认为庞德从前的主人马超现在是刘备的手下，说不定庞德会背叛。

    C. 因为于禁怕庞德抢了自己的功劳，诬告庞德会背叛。

(2) 庞德知道江水暴涨泛滥，就十分危险，怎么防备？

    A. 他准备第二天就把营寨移到别的地方去。

    B. 他等水一涨高，让军士们把堤坝一下子决开了。

    C. 他建议于禁快把营寨移到别的地方去。

(3) 哪个不是关于庞德的内容？

    A. 他落入水中，被关羽的手下活捉了。

    B. 他不投降，就受刑了。

    C. 他一看身边只剩下几十个人，只好投降了。

2 녹음을 듣고 빈칸에 들어갈 말을 써 넣으시오.

(1) 曹操见他（　　　　），也就让他继续做了（　　　　）。

(2) 庞德见关羽过来，却一点也不（　　　　），举起手中的（　　　　），准备迎战。

(3) 只见骨头已经（　　　　），华佗用刀片刮骨，发出咯吱咯吱的（　　　　）。

3 다음 문장을 자연스러운 우리말로 옮기시오.

(1) 这时毒已入骨，关羽整个右臂发青发肿，已经不能活动。

　➡

(2) 我用尖刀割开皮肉，一直露出骨头，刮去骨头上的箭毒，敷上药，
　　用线缝好刀口，才能治好。

　➡

4 다음 문장을 자연스러운 중국어로 옮기시오.

(1) 병사들은 고함을 지르면서, 여기저기로 달아났고, 이미 많은 사람
들이 물속으로 휩쓸려 들어갔다.

　➡

(2) 사람들은 검붉은 피가 땅에 흥건한 것을 보고 놀라서 말조차 하지
못했다.

　➡

空城退敌

关羽杀了庞德后，曹操十分惊慌，便联合孙权
Guān Yǔ shā le Páng Dé hòu, Cáo Cāo shífēn jīnghuāng, biàn liánhé Sūn Quán

一齐夺了荆州。关羽困守在麦城，许久等不到救兵，
yìqí duó le Jīngzhōu. Guān Yǔ kùnshǒu zài Màichéng, xǔjiǔ děng bu dào jiùbīng,

只好带人突围，慌乱中却被绊马索套住，被孙权的
zhǐhǎo dài rén tūwéi, huāngluàn zhōng què bèi bànmǎsuǒ tàozhù, bèi Sūn Quán de

将士活捉了。孙权佩服关羽是位英雄，想劝降他，
jiàngshì huózhuō le. Sūn Quán pèifú Guān Yǔ shì wèi yīngxióng, xiǎng quànxiáng tā,

留在自己身边，手下一位谋士却说："当初曹操也
liú zài zìjǐ shēnbiān, shǒuxià yí wèi móushì què shuō : "Dāngchū Cáo Cāo yě

想得到他，封侯赐官，结果都没能留住。如今主公
xiǎng dédào tā, fēng hóu cì guān, jiéguǒ dōu méi néng liúzhù. Rújīn zhǔgōng

捉住他，如不除去，必留后患。"孙权听后，思量
zhuōzhù tā, rú bù chúqù, bì liú hòuhuàn." Sūn Quán tīng hòu, sīliáng

关羽与刘备是结义的兄弟，不会归降，因此就命人
Guān yǔ Yǔ Liú Bèi shì jiéyì de xiōngdì, bú huì guīxiáng, yīncǐ jiù mìng rén

把关羽杀了。当时关羽五十八岁。
bǎ Guān Yǔ shā le. Dāngshí Guān Yǔ wǔshíbā suì.

성을 비워 적을 물리치다

관우가 방덕을 죽인 후, 조조는 아주 놀라, 바로 손권과 연합해 함께 형주를 취하였다. 관우는 포위된 채 맥성을 사수하다가 오래 지나도 구원병이 오지 않자 하는 수 없이 병사를 이끌고 포위망을 뚫었고, 혼란 중 말 잡는 밧줄에 걸려 손권의 병사들에게 생포되었다. 손권은 관우의 영웅 기질에 탄복하여, 그에게 항복을 권해 자기 곁에 두고자 하였다. 그러나 수하의 한 모사가 말했다. "이전에 조조도 그를 얻고 싶어, 제후에 봉하고 관직을 하사하였으나, 결국은 붙잡을 수 없었습니다. 지금 주공께서는 그를 붙잡아 두려고 하시나, 만약 죽이지 않는다면 반드시 후환이 될 것입니다." 손권은 듣고, 관우와 유비가 의형제를 맺은 형제라서 항복하지 않을 것이라 생각되어 관우를 죽이라고 명했다. 당시 관우는 58세였다.

困守 _ (포위망 속에서) 사수하다 ┃ 许久 _ 시간이 매우 오래다 ┃ 救兵 _ 구원병, 원군, 원병 ┃ 突围 _ 포위망을 돌파하다, 포위를 뚫다 ┃ 绊马索 _ 옛날 전쟁할 때 적의 말 다리에 걸어서 넘어지게 하기 위해 둘러친 굵은 밧줄 ┃ 套 _ (올가미 등에) 걸리다 ┃ 封侯赐官 _ 제후에 봉하고 관직을 하사하다 ┃ 后患 _ 후환 ┃ 思量 _ 생각하다, 고려하다, 여러모로 생각하다

关羽遇难的消息传到成都，刘备哭得死去活来，
Guān Yǔ yùnàn de xiāoxi chuándào Chéngdū, Liú Bèi kū de sǐ qù huó lái,

咬牙切齿地一定要讨伐东吴，为关羽报仇。孔明和
yǎo yá qiē chǐ de yídìng yào tǎofá Dōngwú, wèi Guān Yǔ bàochóu. Kǒngmíng hé

赵云都苦劝刘备先等曹操和孙权两方不和相
Zhào Yún dōu kǔquàn Liú Bèi xiān děng Cáo Cāo hé Sūn Quán liǎng fāng bù hé xiāng

争时再伺机动手，刘备只是不听。张飞听说关羽被
zhēng shí zài sìjī dòngshǒu, Liú Bèi zhǐshì bù tīng. Zhāng Fēi tīngshuō Guān Yǔ bèi

害，眼睛都哭出了血，每日喝酒解愁，喝醉了还拿
hài, yǎnjing dōu kūchū le xiě, měirì hējiǔ jiěchóu, hēzuì le hái ná

手下官兵出气，稍不如意便用鞭子抽打，有不少人
shǒuxià guānbīng chūqì, shāo bù rúyì biàn yòng biānzi chōudǎ, yǒu bù shǎo rén

被打死。
bèi dǎsǐ.

有一天，张飞接到刘备要发兵讨伐东吴的命令，
Yǒu yì tiān, Zhāng Fēi jiēdào Liú Bèi yào fābīng tǎofá Dōngwú de mìnglìng,

便命令手下三天之内赶制白盔白甲，全军将士带孝
biàn mìnglìng shǒuxià sān tiān zhī nèi gǎnzhì bái kuī bái jiǎ, quánjūn jiàngshì dàixiào

出征。并叫范疆、张达二将去办理，两人明知不可
chūzhēng. Bìng jiào Fàn Jiāng、Zhāng Dá èr jiàng qù bànlǐ, liǎng rén míngzhī bù kě

能完成，回到营房悄悄商议："反正无法办到，到
néng wánchéng, huídào yíngfáng qiāoqiāo shāngyì : "Fǎnzhèng wúfǎ bàndào, dào

时一定被张飞杀掉，干脆不如先杀了他。"
shí yídìng bèi Zhāng Fēi shādiào, gāncuì bùrú xiān shā le tā."

　　관우가 죽임을 당한 소식이 성도에 전해지자, 유비는 극도의 슬픔에 목놓아 울었고, 이를 갈며 반드시 동오를 토벌하여 관우를 위해 복수하리라 다짐하였다. 공명과 조운이 유비에게 조조와 손권이 서로 불화하여 다툴 때 기회를 봐서 움직이자고 애써 권했지만, 유비는 기어코 듣지 않았다. 장비는 관우가 피살당했다는 소식을 듣고 눈에서 피눈물을 흘렸고, 매일 술을 마시며 수심을 달랬는데, 술에 취하면 수하 병사들에게 화풀이를 하였다. 조금이라도 마음에 들지 않으면 채찍으로 후려쳐, 많은 사람들이 맞아죽었다.

　　어느 날, 장비는 동오를 토벌하기 위해 군대를 출동시키라는 유비의 명령을 받고, 수하에게 사흘 안에 서둘러 흰 투구와 흰 갑옷을 만들고, 전군의 장수와 병사들에게 상복을 입고 출정하라고 명령하였다. 그리고 범강과 장달 두 장수에게 처리하도록 했는데, 두 사람은 완수하지 못할 것을 뻔히 알고 있었기에 막사로 돌아가서 은밀히 상의하였다. "어떻게 해도 처리할 도리가 없네. 그때가 되면 장비에게 죽임을 당할 것이 분명하니, 차라리 먼저 그를 죽이는 게 어떤가."

遇难 _ 살해당하다 ｜ 死去活来 _ (극도의 슬픔이나 분함 때문에) 체면이고 뭐고 돌보지 않다. 몹시 슬프다 ｜ 苦劝 _ 극력 권고하다. 애써 충고하다 ｜ 不和相争 _ 불화하여 서로 다투다 ｜ 伺机 _ 기회를 엿보다 ｜ 解愁 _ 수심을 풀다. 수심을 달래다 ｜ 出气 _ 화풀이를 하다. 분노를 발산시키다 ｜ 稍 _ 약간, 조금 ｜ 如意 _ 마음에 들다. 뜻대로 되다 ｜ 抽打 _ (채찍으로) 때리다. 후려치다 ｜ 赶制 _ 서둘러 작성하다. 급히 만들다 ｜ 带孝 _ 상복을 입다 ｜ 干脆 _ 차라리, 아예

二人商量好，只等张飞喝醉后下手。张飞睡觉
Èr rén shāngliáng hǎo, zhǐ děng Zhāng Fēi hēzuì hòu xiàshǒu. Zhāng Fēi shuìjiào

也不合眼睛，两人壮着胆子，听到张飞打鼾的声音
yě bù hé yǎnjing, liǎng rén zhuàng zhe dǎnzi, tīngdào Zhāng Fēi dǎ hān de shēngyīn

才敢动手。可怜张飞在睡梦中被二人杀死，这年才
cái gǎn dòngshǒu. Kělián Zhāng Fēi zài shuìmèng zhōng bèi èr rén shāsǐ, zhè nián cái

五十五岁。
wǔshíwǔ suì.

　　刘备一下子失去关羽、张飞两员大将，伤心不
Liú bèi yíxiàzi shīqù Guān Yǔ、Zhāng Fēi liǎng yuán dàjiàng, shāngxīn bù

说，还在攻打东吴之时被人火烧了七十万大军，元
shuō, hái zài gōngdǎ Dōngwú zhī shí bèi rén huǒshāo le qīshíwàn dàjūn, yuán

气大伤。第二年四月，刘备染上重病，死在白帝城，
qì dà shāng. Dì èr nián sì yuè, Liú Bèi rǎnshàng zhòngbìng, sǐ zài Báidìchéng,

终年六十三岁。太子刘禅，也就是当年的阿斗继皇
zhōngnián liùshísān suì. Tàizǐ Liú Chán, yě jiù shì dāngnián de Ādǒu jì huáng

帝位，人称后主。
dì wèi, rén chēng Hòuzhǔ.

　　두 사람은 상의를 끝내고, 장비가 술에 취한 뒤에 착수하기로 하였다. 장비는 잠을 잘 때에도 눈을 감지 않아서, 두 사람은 장비가 코고는 소리를 듣고서야, 용기를 내서 실행에 옮겼다. 가련하게도 장비는 잠자다가 두 사람에게 살해당했는데, 이때 나이는 겨우 55세였다.

　　유비는 한꺼번에 관우와 장비 두 장수를 잃고, 말할 수 없을 정도로 상심하였고, 또한 동오를 공격할 때 적군에게 70만 대군이 불타 죽어, 원기가 크게 상하였다. 이듬해 4월, 유비는 중병에 걸려 백제성에서 죽었는데, 향년 63세였다. 태자 유선, 즉 그때의 아두가 황위를 계승하였는데, 사람들은 후주라 칭하였다.

壮胆子 _ 용기를 내다, 담을 크게 하다　｜　打鼾 _ 코를 골다　｜　睡梦 _ 잠, 수면　｜　元气 _ 원기　｜
染病 _ 병에 걸리다, 병에 감염되다　｜　终年 _ 향년

公元二百二十七年，蜀国丞相诸葛亮平定南方
Gōngyuán èrbǎièrshíqī nián, Shǔguó chéngxiàng Zhūgé Liàng píngdìng nánfāng

内乱回朝后，听说曹操之子魏文帝曹丕因病而死，
nèiluàn huí cháo hòu, tīngshuō Cáo Cāo zhī zǐ Wèi Wéndì Cáo Pī yīn bìng ér sǐ,

魏明帝曹睿继承了皇位，而且还解除了司马懿的兵
Wèi Míngdì Cáo Ruì jìchéng le huángwèi, érqiě hái jiěchú le Sīmǎ Yì de bīng

权，心中十分高兴。那司马懿老谋深算，一直是诸
quán, xīnzhōng shífēn gāoxìng. Nà Sīmǎ Yì lǎo móu shēn suàn, yìzhí shì Zhū

葛亮北上讨伐魏国的障碍，如今见他已失势，便亲
gé Liàng běishàng tǎofá Wèiguó de zhàng'ài, rújīn jiàn tā yǐ shīshì, biàn qīn

自率领三十万大军，出师伐魏。
zì shuàilǐng sānshíwàn dàjūn, chūshī fá Wèi.

诸葛亮这一路上是捷报频传，连连获胜。魏军
Zhūgé Liàng zhè yílùshang shì jiébào pínchuán, liánlián huòshèng. Wèi jūn

则连吃败仗，到处告急。这时，魏明帝才知道自己
zé lián chī bàizhàng, dàochù gàojí. Zhèshí, Wèi Míngdì cái zhīdào zìjǐ

错夺了司马懿的兵权，连忙派人请回司马懿，又任
cuò duó le Sīmǎ Yì de bīngquán, liánmáng pài rén qǐng huí Sīmǎ Yì, yòu rèn

命他为平西都督，带二十万人马去迎战蜀军。司马
mìng tā wéi Píngxī dūdu, dài èrshíwàn rénmǎ qù yíngzhàn Shǔ jūn. Sīmǎ

懿出兵，先占了街亭和列柳城。这两处是蜀军运粮
Yì chūbīng, xiān zhàn le Jiētíng hé Lièliǔ chéng. Zhè liǎng chù shì Shǔ jūn yùn liáng

草必经之地，孔明察觉蜀军处境危险，便立刻想办
cǎo bì jīng zhī dì, Kǒngmíng chájué Shǔ jūn chùjìng wēixiǎn, biàn lìkè xiǎng bàn

法撤退。
fǎ chètuì.

서기 227년, 촉나라 승상 제갈량은 남방의 내란을 평정하고 조정으로 돌아온 후, 조조의 아들 위문제 조비가 병으로 죽고 위명제 조예가 황위를 계승하고 나서 사마의의 병권을 해제시켰다는 말을 듣고는, 속으로 매우 기뻤다. 사마의는 노련하고 용의주도한 자로, 제갈량이 북상하여 위나라를 토벌할 때마다 장애가 되었었다. 지금 그가 세력을 잃었다는 것을 알고, 몸소 30만 대군을 거느리고, 출병하여 위나라를 토벌하러 갔다.

제갈량은 가는 곳마다 승전보를 울리며, 연이어 승리를 거두었다. 위나라 군대는 연이어 패배하여, 여기저기에 도움을 청하였다. 이때 위명제는 비로소 자신이 사마의의 병권을 빼앗은 것이 잘못이었음을 깨닫고, 급히 사람을 보내 사마의를 돌아오게 한 다음, 그를 평서도독으로 임명해 20만 대군을 이끌고 촉나라 군대와 맞서 싸우게 하였다. 사마의는 출병하여, 가정과 열류성을 먼저 점령하였다. 이 두 곳은 촉나라 군대가 군량과 마초를 운반할 때 반드시 지나야 하는 곳이었다. 공명은 촉나라 군대의 처지가 위험함을 살피고, 즉시 철수할 방법을 생각하였다.

回朝 _ 조정으로 돌아오다 ❙ 解除 _ 없애다, 해제하다, 제거하다 ❙ 老谋深算 _ 일하는 것이 노련하고 계획이 용의주도하다 ❙ 失势 _ 세력을 잃다, 권세를 잃다 ❙ 出师 _ 출병하여 (적과) 싸우다 ❙ 捷报频传 _ 승리의 소식이 잇달아 날아들다 ❙ 告急 _ (군사 · 재해 등의) 위급함을 알려 구원을 청하다 ❙ 处境 _ 처지, 상황

蜀军的粮草，都囤积在西城县。为了不丢给
Shǔ jūn de liángcǎo, dōu túnjī zài Xīchéng xiàn. Wèile bù diūgěi

魏军，孔明亲自带上五千士兵，到西城搬运粮草。
Wèi jūn, Kǒngmíng qīnzì dàishàng wǔqiān shìbīng, dào Xīchéng bānyùn liángcǎo.

他到了县城后，先派一半人把粮草运走，只剩下一
Tā dào le xiànchéng hòu, xiān pài yíbàn rén bǎ liángcǎo yùnzǒu, zhǐ shèngxià yì

班文官和两千五百军士了。这时，不断有探马来报：
bān wénguān hé liǎngqiānwǔbǎi jūnshì le. Zhèshí, búduàn yǒu tànmǎ láibào :

"司马懿率领十五万大军，朝西城杀来！"
"Sīmǎ Yì shuàilǐng shíwǔwàn dàjūn, cháo Xīchéng shālái!"

"司马懿大军离城只有十里了！"
"Sīmǎ Yì dàjūn lí chéng zhǐyǒu shí lǐ le!"

"魏军离城只有五里了！"
"Wèi jūn lí chéng zhǐyǒu wǔ lǐ le!"

众文官听了，吓得脸都变了色，不知如何是好。
Zhòng wénguān tīng le, xià de liǎn dōu biàn le sè, bù zhī rúhé shì hǎo.

孔明登上城头一看，只见尘土飞扬，果然是魏兵分
Kǒngmíng dēngshàng chéngtóu yí kàn, zhǐ jiàn chéntǔ fēiyáng, guǒrán shì Wèi bīng fēn

两路向西城杀来。孔明吩咐："把城上所有的旗帜
liǎng lù xiàng Xīchéng shālái. Kǒngmíng fēnfù : "Bǎ chéngshang suǒyǒu de qízhì

都隐藏起来。军士们各守岗位，不许随便走动和高
dōu yǐncáng qǐlái. Jūnshìmen gè shǒu gǎngwèi, bùxǔ suíbiàn zǒudòng hé gāo

声说话。四面城门都要打开，每一个门派二十名士
shēng shuō huà. Sìmiàn chéngmén dōu yào dǎkāi, měi yí ge mén pài èrshí míng shì

兵扮做老百姓，清扫街道。如果魏兵来到，也不要
bīng bànzuò lǎobǎixìng, qīngsǎo jiēdào. Rúguǒ Wèi bīng láidào, yě bú yào

惊慌，我自有退敌的方法。"
jīnghuāng, wǒ zìyǒu tuì dí de fāngfǎ."

    촉나라 군대의 군량과 마초는 모두 서성현에 쌓여 있었다. 위나라 군대에게 빼앗기지 않도록 공명은 직접 병사 5천을 이끌고 군량과 마초를 운반하러 서성으로 갔다. 그는 서성에 도착하고 나서, 우선 병사 절반에게 군량과 마초를 운반하게 보내고, 약간의 문관과 병사 2천 5백 명만을 남겨두었다. 이때, 척후기병이 계속 보고를 하였다.

    "사마의가 15만 대군을 거느리고, 서성으로 공격해 오고 있습니다."

    "사마의 대군이 성에서 10리 근처까지 왔습니다."

    "위나라 군대가 성에서 5리 근처까지 왔습니다."

    모든 문관들은 듣고 놀라서 얼굴빛이 변해, 어떻게 해야 좋을지 몰랐다. 공명이 성벽 위에 오르니, 먼지가 이는 것이 보였는데, 과연 위나라 군대가 두 길로 나뉘어 서성으로 공격해 오고 있었다. 공명은 분부하였다. "성 위에 있는 모든 깃발을 다 감추어라. 병사들은 각기 자기 자리를 지켜, 함부로 움직이거나 큰 소리로 이야기해서는 안 된다. 사방의 성문은 모두 열고, 각 문마다 병사 20명을 보내 백성으로 분장시켜 길을 쓸게 하라. 만약 위나라 군대가 와도 놀라지 마라. 나에게 적을 물리칠 방법이 있으니."

探马 _ 척후하는 기병. 기마 정찰병　┃　城头 _ 성벽 위. 성 꼭대기　┃　尘土 _ 먼지　┃　飞扬 _ (먼지 등이) 날리다　┃　隐藏 _ 숨기다. 감추다　┃　岗位 _ 보초 서는 곳. 초소　┃　扮 _ 분장하다　┃　清扫 _ 청소하다. 깨끗이 치우다　┃　自有 _ 자연히 ~이 있다

等官兵都安排好了，孔明身披鹤氅，头戴纶巾，
Děng guānbīng dōu ānpái hǎo le, Kǒngmíng shēn pī hè chǎng, tóu dài guānjīn,

登上城楼，在城楼前凭栏坐好，让两个童子点
dēngshàng chénglóu, zài chénglóu qián pínglán zuò hǎo, ràng liǎng ge tóngzǐ diǎn

上香，悠闲地弹起琴来。
shàng xiāng, yōuxián de tánqǐ qín lái.

魏军冲到城下，见这般模样，都不敢进城，急
Wèi jūn chōngdào chéng xià, jiàn zhè bān múyàng, dōu bù gǎn jìnchéng, jí

忙去报告了司马懿。司马懿不肯相信竟有这样的事
máng qù bàogào le Sīmǎ Yì. Sīmǎ Yì bù kěn xiāngxìn jìng yǒu zhèyàng de shì

情，自己打马跑到城下，果然见孔明坐在城楼上，
qing, zìjǐ dǎ mǎ pǎodào chéng xià, guǒrán jiàn Kǒngmíng zuò zài chénglóushang,

正笑容满面地弹琴。城门内外，只有二十多个百姓，
zhèng xiàoróng mǎnmiàn de tán qín. Chéngmén nèiwài, zhǐyǒu èrshí duō ge bǎixìng,

正低头扫街，好像什么事情也不知道的样子。
zhèng dītóu sǎo jiē, hǎoxiàng shénme shìqing yě bù zhīdào de yàngzi.

司马懿虽然也疑心孔明城中无兵，故意装成
Sīmǎ Yì suīrán yě yíxīn Kǒngmíng chéng zhōng wú bīng, gùyì zhuāngchéng

这个样子，但又一想："诸葛亮一生谨慎，从来不做
zhège yàngzi, dàn yòu yì xiǎng : "Zhūgé Liàng yìshēng jǐnshèn, cónglái bú zuò

冒险的事情。现在他大开城门，里面一定有埋伏。"
màoxiǎn de shìqing. Xiànzài tā dà kāi chéngmén, lǐmian yídìng yǒu máifú."

于是，便命令手下人马赶快撤退，不一会儿，大军
Yúshì, biàn mìnglìng shǒuxià rénmǎ gǎnkuài chètuì, bù yíhuir, dàjūn

就撤走了。
jiù chèzǒu le.

관군들의 배치가 다 끝나자, 공명은 몸에는 학의 깃털로 만든 옷을 입고, 머리에는 비단 두건을 쓰고, 성루에 올랐다. 성루 앞의 난간에 기대어 앉아, 동자 두 명에게 향을 피우게 하고, 한가로이 거문고를 타기 시작했다.

위나라 군대는 성 아래까지 공격해 오다가 이러한 광경을 보고는, 감히 성으로 들어오지 못하고 급히 사마의에게 보고하였다. 사마의는 도대체 이러한 일이 있을까 싶어 믿으려 하지 않고, 직접 말을 타고 성 아래까지 달려갔다. 가서 보니, 과연 공명이 성루에 앉아서, 만면에 미소를 띠고 거문고를 타고 있었다. 성문 안 팎으로 단지 20여 명의 백성들이 고개를 숙이고 길을 쓸고 있었는데, 마치 아무 일도 모르는 것 같았다.

사마의는 비록 공명이 있는 성에 병사가 없는데, 고의로 이러한 모습으로 가장하고 있다고 의심하였으나, 한편으로는 '제갈량은 평생 신중하여, 여태 모험을 하지 않았다. 지금 그가 성문을 활짝 열어놓은 걸 보니, 안에는 분명 매복이 있을 것이다'라고 생각하였다. 그래서 수하 병사들에게 서둘러 철수하라고 명령을 내렸고, 얼마 안 돼 대군은 철수하였다.

城楼 _ 성루. 성곽의 곳곳에 세운 다락집 | 凭栏 _ 난간에 기대다 | 弹琴 _ 거문고를 타다. 거문고를 연주하다 | 低头 _ 머리를 숙이다 | 扫街 _ 길을 쓸다 | 谨慎 _ 신중하다

孔明见魏军远去，拍手大笑起来。众人吓得浑
Kǒngmíng jiàn Wèi jūn yuǎn qù, pāishǒu dà xiào qǐlái. Zhòngrén xià de hún

身是汗，向孔明说道："若是我们遇到这种事，早
shēn shì hàn, xiàng Kǒngmíng shuōdào : "Ruòshì wǒmen yùdào zhè zhǒng shì, zǎo

就扔下县城逃跑了。"孔明说："我们只有两千五百
jiù rēngxià xiànchéng táopǎo le." Kǒngmíng shuō : "Wǒmen zhǐyǒu liǎngqiānwǔbǎi

人，想逃也逃不远，到头来还不是被司马懿抓住。
rén, xiǎng táo yě táo bu yuǎn, dàotóulái hái bú shì bèi Sīmǎ Yì zhuāzhù.

我也不是想冒险，实在是不得已用了这一招空城计。
Wǒ yě bú shì xiǎng màoxiǎn, shízài shì bùdéyǐ yòng le zhè yì zhāo kōngchéngjì.

司马懿一定会从山北小路撤退，我已派人在那儿等
Sīmǎ Yì yídìng huì cóng shān běi xiǎolù chètuì, wǒ yǐ pàirén zài nàr děng

他了。"
tā le."

　　孔明说完，带上西城官兵百姓，安然地向汉
　　Kǒngmíng shuō wán, dàishàng Xīchéng guānbīng bǎixìng, ānrán de xiàng Hàn

中退去。司马懿率领大军，顺着小路正往北走，突
zhōng tuìqù. Sīmǎ Yì shuàilǐng dàjūn, shùnzhe xiǎolù zhèng wǎng běi zǒu, tū

然山坡上喊声震天，只见一杆大旗上写着"右护卫
rán shānpōshang hǎnshēng zhèntiān, zhǐ jiàn yì gān dàqíshang xiě zhe "Yòu hùwèi

使虎翼将军张苞"几个大字。司马懿害怕是诸葛亮
shǐ hǔyì jiāngjūn Zhāng Bāo" jǐ ge dàzì. Sīmǎ Yì hàipà shì Zhūgé Liàng

的埋伏，便急忙带领手下丢盔卸甲，慌忙奔逃。
de máifú, biàn jímáng dàilǐng shǒuxià diū kuī xiè jiǎ, huāngmáng bēntáo.

공명은 위나라 군대가 멀리 간 것을 보고, 손뼉을 치며 껄껄 웃었다. 사람들은 놀라서 온몸이 땀투성이가 된 채로 공명에게 말했다. "만약 우리들이 이러한 일을 만났으면, 일찌감치 성을 버리고 도망쳤을 것입니다." 공명이 말했다. "우리들은 단지 2천 5백 명밖에 없기 때문에 도망가려 해도 멀리 도망갈 수가 없고, 결국 사마의에게 붙잡히지 않겠는가. 나도 모험을 하고 싶지 않았으나, 정말로 부득이하게 이 공성계를 썼다네. 사마의는 산 북쪽 좁은 길로 철수할 것이네. 내가 이미 그곳에서 그를 기다리도록 사람을 보내두었네."

공명은 말을 하고 나서, 서성의 관군과 백성을 데리고, 편안하게 한중으로 퇴각하였다. 사마의가 대군을 거느리고 작은 길을 따라 북쪽으로 가고 있는데, 갑자기 산비탈에서 함성소리가 천지를 진동하였다. 보니 큰 깃발에 '우호위사 호익 장군 장포'라는 글자 몇 자가 크게 적혀 있었다. 사마의는 제갈량의 복병일 것이라는 두려운 생각이 들어, 급히 수하를 거느리고 투구와 갑옷을 벗어던지고, 황망히 도주하였다.

1 **空城计** : 36계 중 제 32계. 성을 비우는 전술로, 무방비 상태인 것처럼 보여서 적의 공격을 모면하는 것이다.

扔 _ 내버리다. 포기하다 ❘ **到头来** _ 결국 ❘ **安然** _ 무사하다. 평온하다 ❘ **顺** _ ~를 따라 이동하다 ❘ **山坡** _ 산비탈 ❘ **震天** _ 하늘을 진동하다 ❘ **丢盔卸甲** _ 투구를 벗고 갑옷을 벗다

才逃出五六里路，山谷里又响起一阵喊杀声，
Cái táochū wǔliù lǐ lù, shāngǔli yòu xiǎngqǐ yí zhèn hǎnshāshēng,

看那大旗上写着"左护卫使龙骧将军关兴"几个大
kàn nà dàqíshang xiě zhe "Zuǒ hùwèishǐ lóngxiāng jiāngjūn Guān Xīng" jǐ ge dà

字。魏军也不知蜀兵有多少，吓得又是一阵慌乱奔
zì. Wèi jūn yě bù zhī Shǔ bīng yǒu duōshǎo, xià de yòu shì yí zhèn huāngluàn bēn

逃。把粮食、兵器扔下许多。关兴、张苞也不追赶，
táo. Bǎ liángshi, bīngqì rēngxià xǔduō. Guān Xīng、Zhāng Bāo yě bù zhuīgǎn,

带上俘获的粮草物资，欢欢喜喜地撤走了。
dàishàng fúhuò de liángcǎo wùzī, huānhuānxǐxǐ de chèzǒu le.

蜀军退走后，司马懿又回到了西城。他找到当
Shǔ jūn tuìzǒu hòu, Sīmǎ Yì yòu huídào le Xīchéng. Tā zhǎodào dāng

地百姓一问，才知道当时城中只有两千五百名士兵，
dì bǎixìng yí wèn, cái zhīdào dāngshí chéng zhōng zhǐyǒu liǎngqiānwǔbǎi míng shìbīng,

根本没有什么埋伏。又听说关兴、张苞各只有三千
gēnběn méiyǒu shénme máifú. Yòu tīngshuō Guān Xīng、Zhāng Bāo gè zhǐyǒu sānqiān

兵马，他们只是擂鼓呐喊，并不敢厮杀。司马懿又
bīngmǎ, tāmen zhǐshì léigǔ nàhǎn, bìng bù gǎn sīshā. Sīmǎ Yì yòu

生气又后悔，却也没有办法，
shēngqì yòu hòuhuǐ, què yě méiyǒu bànfǎ,

叹了口气说："我实在是
tàn le kǒuqì shuō : "Wǒ shízài shì

不如孔明啊！"
bùrú Kǒngmíng a!"

　　겨우 5, 6리 쯤 도망쳐 왔을 때 또 산
골짜기에서 '죽여라' 하는 함성소리가 들
렸다. 보니 큰 깃발에 '좌호위사 용양장군
관흥'이라는 글자 몇 자가 크게 적혀 있었
다. 위나라 군대는 촉나라 병사가 얼마나
되는지 알지 못했고, 또 놀라기도 해서
당황해하며 도주하였다. 군량과 병기를
버려둔 것이 수없이 많았다. 관흥과 장포
는 뒤쫓지 않고, 노획한 군량과 마초 및
기타 물건들을 가지고, 희희낙락하며 철
수하였다.

　　촉나라 군대가 철수한 후, 사마의는
다시 서성으로 되돌아왔다. 그가 그곳에
사는 백성들을 찾아 물어보고 나서야, 당시 성안에는 단지 병사 2천 5백 명밖에
없었고, 어떠한 매복도 전혀 없었다는 것을 알았다. 그리고 관흥과 장포에게도 각
기 병사 3천밖에 없었으며, 그들은 단지 북을 치고 고함을 쳤을 뿐, 감히 싸우려
하지 않았다는 것도 들었다. 사마의는 화도 나고 후회도 되었으나 어쩔 도리가 없
어, 한숨을 쉬며 말했다. "난 정말로 공명에 견줄 바가 못 되는구나!"

俘获 _ 포로를 잡거나 전리품을 노획하다　｜　**根本** _ 전혀　｜　**擂鼓** _ 북을 치다

孔明去世后十多年中，蜀、魏、吴之间一直没
Kǒngmíng qùshì hòu shí duō nián zhōng, Shǔ、Wèi、Wú zhījiān yìzhí méi

有大的交战，各国都在忙自己的事情。司马懿死后，
yǒu dà de jiāozhàn, gè guó dōu zài máng zìjǐ de shìqing. Sīmǎ Yì sǐ hòu,

他的儿子司马昭和司马师掌握了魏国的大权。公元
tā de érzi Sīmǎ Zhāo hé Sīmǎ Shī zhǎngwò le Wèiguó de dàquán. Gōngyuán

二百六十三年，司马昭命三十万大军进军蜀国。此
èrbǎiliùshísān nián, Sīmǎ Zhāo mìng sānshíwàn dàjūn jìnjūn Shǔguó. Cǐ

时的后主刘禅只知吃喝玩乐，听说魏军打来的消息，
shí de Hòuzhǔ Liú Chán zhǐ zhī chī hē wán lè, tīngshuō Wèi jūn dǎlái de xiāoxi,

便找来一个巫婆问吉凶。
biàn zhǎolái yí ge wūpó wèn jíxiōng.

巫婆告诉刘禅，只管太平欢乐，几年后，魏国
Wūpó gàosu Liú Chán, zhǐguǎn tàipíng huānlè, jǐ nián hòu, Wèiguó

的土地就会全归蜀国。刘禅竟信了巫婆的话，更不
de tǔdì jiù huì quán guī Shǔguó. Liú Chán jìng xìn le wūpó de huà, gèng bù

理朝政了。司马昭很快占领了汉中、棉竹，直抵成
lǐ cháozhèng le. Sīmǎ Zhāo hěn kuài zhànlǐng le Hànzhōng、Miánzhú, zhí dǐ Chéng

都。刘禅哪敢抵抗，率文武百官投降了魏军。从此，
dū. Liú Chán nǎ gǎn dǐkàng, shuài wénwǔ bǎiguān tóuxiáng le Wèi jūn. Cóngcǐ,

蜀国就灭亡了。
Shǔ guó jiù mièwáng le.

　　공명이 죽은 후 10여 년 동안, 촉·위·오 사이에 내내 큰 전쟁은 없었고, 각국은 자신들의 나랏일 때문에 바빴다. 사마의가 죽은 후, 그의 아들 사마소와 사마사가 위나라의 대권을 장악하였다. 서기 263년, 사마소가 30만 대군에게 촉나라로 진격하라고 명령하였다. 당시 후주 유선은 먹고 마시고 노는 것만 알 뿐이었고, 위나라 군대가 공격해 온다는 소식을 듣자, 무당을 불러 길흉을 물었다.

　　무당이 유선에게 오로지 편안하게 즐기면 몇 년 후 위나라의 땅은 모두 촉나라로 넘어올 것이라고 말했다. 유선은 뜻밖에 무당의 말만 믿고, 조정의 일에 더욱 관여하지 않았다. 사마소는 금방 한중과 면죽을 점령하고, 바로 성도에 다다랐다. 유선이 어찌 감히 저항하였겠는가. 문무백관을 데리고 위나라에 항복하였다. 이로부터 촉나라는 멸망하게 되었다.

巫婆 _ 무녀, 무당 (= 巫女)　｜　吉凶 _ 길흉　｜　朝政 _ 조정의 정치, 국정　｜　直抵 _ 곧장 ～에 다다르다　｜　哪敢 _ 어찌 감히 ～하겠는가?

公元二百六十五年，司马昭死后，他的儿子司
Gōngyuán èrbǎiliùshíwǔ nián, Sīmǎ Zhāo sǐ hòu, tā de érzi Si

马炎把魏国皇帝曹奂赶下台，自己当了皇帝，改国
mǎ Yán bǎ Wèiguó huángdì Cáo Huàn gǎn xià tái, zìjǐ dāng le huángdì, gǎi guó

号为晋。公元二百八十年，司马炎出兵征讨东吴，
hào wéi Jìn. Gōngyuán èrbǎibāshí nián, Sīmǎ Yán chūbīng zhēngtǎo Dōngwú,

东吴皇帝孙皓投降，吴国灭亡。至此三国归晋，三
Dōngwú huángdì Sūn Hào tóuxiáng, Wúguó mièwáng. Zhìcǐ sān guó guī Jìn, sān

国鼎立的局面正式结束。
guó dǐnglì de júmiàn zhèngshì jiéshù.

서기 265년, 사마소가 죽은 후, 그의 아들 사마염이 위나라 황제 조환을 자
리에서 쫓아내고, 스스로 황제가 된 다음 국호를 진으로 바꾸었다. 서기 280년,
사마염은 출병하여 동오를 정벌하였고, 동오의 황제 손호가 항복하면서 오나라는
멸망하였다. 이때에 이르러 세 나라가 진에 귀속되어, 삼국이 정립한 국면은 정식
으로 끝이 났다.

下台 _ 정권을 넘겨주다. 하야하다　｜　至此 _ 여기에 이르다. 이때에 이르다　｜　结束 _ 끝나다. 마치다.
종결하다

1　본문을 읽고 다음 물음에 답하시오.

(1) 张飞听说关羽被害，做什么了？

　　A. 他要讨伐东吴，准备出征。

　　B. 他每日喝酒解愁。

　　C. 他要先等曹操和孙权两方不和相争时再伺机动手。

(2) 刘备怎么去世？

　　A. 他染上重病，死在白帝城。

　　B. 他在攻打东吴之时被人烧死。

　　C. 他在睡梦中被手下杀死。

(3) 孔明为何用了空城计？

　　A. 因为他认为司马懿懦弱胆小，一定会中计。

　　B. 因为司马懿害怕他的埋伏。

　　C. 因为他只有两千五百人，不得已用了空城计。

2　녹음을 듣고 빈칸에 들어갈 말을 써 넣으시오.

(1) 诸葛亮这一路上是（　　　　）频传，连连（　　　　）。

(2) 魏军冲到城下，见这般（　　　　），都不敢进城，（　　　　）去报告
　　了司马懿。

(3) 至此三国归晋，三国（　　　　）的局面正式（　　　　）。

3 **다음 문장을 자연스러운 우리말로 옮기시오.**

(1) 等官兵都安排好了，孔明身披鹤氅，头戴纶巾，登上城楼，在城
　　楼前凭栏坐好，让两个童子点上香，悠闲地弹起琴来。

　　➡

(2) 司马懿害怕是诸葛亮的埋伏，便急忙带领手下丢盔卸甲，慌忙奔
　　逃。

　　➡

4 **다음 문장을 자연스러운 중국어로 옮기시오.**

(1) 성문 안팎으로 단지 20여 명의 백성들이 고개를 숙이고 길을 쓸고
　　있었는데, 마치 아무 일도 모르는 것 같았다.

　　➡

(2) 사마의는 화도 나고 후회도 되었으나, 어쩔 도리가 없어, 한숨을
　　쉬며 말했다. "난 정말로 공명에 견줄 바가 못 되는구나!"

　　➡

실력 다지기 정답

<table>
<tr><td>

실력 다지기 1
P42

</td><td>

1   (1) A   (2) C   (3) C

2   (1) 恼怒，重责   (2) 巡视，木板   (3) 接应，脱险

</td></tr>
</table>

3   (1) 주유가 보니, 위에 이렇게 쓰여 있었다. '조조를 물리치려면, 화공을 쓰는 것이 마땅한데, 만사가 다 구비되어 있으나, 오직 동풍만이 없네.'

    (2) 불은 바람을 타고, 바람은 불을 더욱 키워, 배는 하늘로 치솟는 불길을 가득 담고 쏜살같이 조조의 수군 진영으로 돌진해갔다.

4   (1) "孔明竟然有这样大的本事，实在可怕，只有杀了他，才可安心。"

    (2) 不一会儿工夫，曹军水寨便全都烧着，一片火光，把天空照得如同白昼一般。

실력 다지기 2
P82

1   (1) B   (2) A   (3) C

2   (1) 信帖，欢喜   (2) 浑身，立刻   (3) 计策，将领

3   (1) 공명은 웃으며 사람들에게 말했다. "주유는 비록 계략에 뛰어나지만, 제 눈을 속이지는 못합니다. 차라리 계략을 역이용하여, 손권의 여동생을 주공에게 시집보내고, 형주 또한 절대로 잃지 않게 합시다."

    (2) 주유는 아주 총명하고, 뛰어난 재능과 원대한 계략을 가졌으나, 사람됨이 속이 좁고, 식견이 너무 얕아, 결국 대사를 이룰 수가 없었다.

4   (1) 突然一声梆子响，从城墙两边射下许多箭来，雨点一般。

    (2) 周瑜一听，知道自己中计了，连忙掉转马头往回走。

1 (1) A   (2) B   (3) C

2 (1) 招揽，囤积，召集

(2) 建都，坚固，壕沟

(3) 重赏，坚守

3 (1) 누가 알았겠는가. 마등이 막 도성에 도달할 즈음에 매복한 조조군에 의해, 결사적으로 도망쳐 돌아 온 마대를 제외하고, 모든 사람들이 칼에 맞아 죽을 줄을.

(2) 오일 째 되는 날, 누군가가 마초의 병사들이 공격해 온다고 말하여, 성 밖에서 물을 긷고 나무를 하던 병사와 백성들이 앞을 다투어 성안으로 뛰어와서, 성문을 꽉 닫아걸었다.

4 (1) 马超感激不尽，随后就整顿二十万大军，浩浩荡荡地朝许昌杀来。

(2) 救火的军士不知缘由，还当是马超的人马闯了进来，纷纷走避。

1 (1) C   (2) A   (3) B

2 (1) 围堵，拼命   (2) 听见，厉害   (3) 大嚷，匹夫

3 (1) 수하 중의 누군가가, 우선 서천을 취하여, 형세를 굳건히 하는 게 좋다고 하며, 이렇게 해야 조조가 두려워서, 감히 쉽사리 침범하지 못할 것이라고 제의하였다.

(2) 유비는 하얀 전포와 은색 갑옷을 입은 마초가, 대단히 위풍당당한 것을 보고, 속으로 아주 탄복하였다.

4 (1) 张飞不服气地说："我今天偏要去会会他，如果我不能胜了马超，任凭军师治罪。"

(2) 直到午后，刘备见马超人马都已经十分疲惫，才下令张飞出战。

1 (1) B   (2) A   (3) C

2 (1) 诚心诚意，先锋   (2) 害怕，钢刀   (3) 发青，声音

3 (1) 이 때 독은 이미 뼈 속까지 스며들어, 관우의 오른쪽 팔 전체가 멍이 들고 부어올라, 움직일 수가 없었다.

   (2) 제가 날카로운 칼로 살을 찢으면, 바로 뼈가 드러날 겁니다. 뼈 위에 있는 화살 독을 긁어내고, 약을 바르고, 실로 칼자국을 꿰매면, 나을 수 있습니다.

4 (1) 军士喊叫着，东奔西跑，不少人已经被卷进了水里。

   (2) 众人看到地上一盆殷红的血，都惊讶得说不出话来。

1 (1) B   (2) A   (3) C

2 (1) 捷报，获胜   (2) 模样，急忙   (3) 鼎立，结束

3 (1) 관군들의 배치가 다 끝나자, 공명은 몸에는 학의 깃털로 만든 옷을 입고, 머리에는 비단 두건을 쓰고, 성루에 올랐다. 성루 앞의 난간에 기대어 앉아, 동자 두 명에게 향을 피우게 하고, 한가로이 거문고를 타기 시작했다.

   (2) 사마의는 제갈량의 복병일 것이라는 두려운 생각이 들어, 급히 수하를 거느리고 투구와 갑옷을 벗어 버리고, 황망히 도주하였다.

4 (1) 城门内外，只有二十多个百姓，正低头扫街，好像什么事情也不知道的样子。

   (2) 司马懿又生气又后悔，却也没有办法，叹了口气说：“我实在是不如孔明啊！”